碳中和目标下科技发展
与电力系统低碳转型

郭菊娥 等 著

科学出版社

北 京

内 容 简 介

碳中和目标下绿色低碳技术驱动经济社会深刻变革，形成新业态和新模式，支撑全社会降碳增效，为构建新型电力系统、保障环境和能源安全提供支撑。本书立足碳中和目标下"人-物质-环境"生产系统协同的视角，论证碳中和实现的关系解构和关键要素支撑机理；从绿色低碳科技发展和新型电力系统实际出发，重点围绕国内外绿色低碳科学研究发展态势、绿色低碳技术发展格局以及竞争能力、我国绿色科技推动碳减排的作用机理和效能、中国五大发电集团的绿色低碳技术储备能力等展开理论结合实际数据的实证研究，发现替代能源生产、节能和废物管理以及高压电网技术等支撑我国碳中和目标实现的实力及其需要突破的关键技术。同时，利用系统观念分析构建新型电力系统面临的机遇和挑战、实现碳中和必须解决的实际问题、提供技术支撑的策略保障。

本书适合从事碳中和、绿色低碳科技发展、新型电力系统运行等多主体投资管理决策者、从业人员以及高等院校、科研机构的研究人员，特别是致力于绿色低碳技术支撑碳中和实现、对新型电力系统运行等方面感兴趣的研究者和从业人员阅读参考。

图书在版编目（CIP）数据

碳中和目标下科技发展与电力系统低碳转型 / 郭菊娥等著. -- 北京：科学出版社, 2025.7. -- ISBN 978-7-03-081784-6

Ⅰ. F426.61

中国国家版本馆CIP数据核字第2025M4P834号

责任编辑：徐　倩 / 责任校对：姜丽策
责任印制：张　伟 / 封面设计：正典设计

科学出版社 出版
北京东黄城根北街 16 号
邮政编码：100717
http://www.sciencep.com
北京富资园科技发展有限公司印刷
科学出版社发行　各地新华书店经销

*

2025 年 7 月第 一 版　开本：720 × 1000 1/16
2025 年 7 月第一次印刷　印张：10 3/4
字数：217 000

定价：118.00 元
（如有印装质量问题，我社负责调换）

本书著者名单

华能伊敏煤电有限责任公司:

    杨立勇   吕滋涛   崔 铭 董 帅

    李 刚   宋明岩   赵耀忠 张 集

华能内蒙古东部能源有限公司:

    李树学   郑 安   李德永 李 继

    巴特尔   石永利

西安交通大学:

    张友恒   晋浩伟   陈治豪   姚雨新

前　言

　　碳达峰和碳中和是中国积极应对全球气候变化的新举措，彰显了中国引领人类命运共同体高质量发展的决心，为我国绿色低碳科技发展提供了新机遇。为了贯彻落实"双碳"目标，国务院、国家发展和改革委员会等陆续制定发布了"1+N"个实施管理制度，提出单位国内生产总值二氧化碳排放、非化石能源消费比重等关键指标的目标任务，夯实各级政府责任落实。2021年9月中旬，受能耗双控政策考核周期与煤炭价格大幅上涨等因素影响，部分地区采取"拉闸限电"的强硬措施应对电力供需矛盾，严重威胁了能源供给安全和市场平稳发展，凸显我国电力供给结构对火电的高依赖程度，暴露光伏、风电等可再生能源发电技术在面临极端天气多发情况下的风险，揭示我国实现碳中和是一项复杂的系统工程，将面临发展和减排、整体和局部、短期和中长期等共生复杂关系和谐演化的诸多挑战。

　　中国物质生产系统不仅需要开展供给侧结构性改革，借助中国价值链从原材料到销售的完整产业链与庞大存量优势，为需求侧提供强大的低成本保障，更需要通过挖掘和创造增量优化需求侧，牵引供给侧持续发展，创造巨大市场驱动力，催生绿色低碳技术支持经济社会健康持续发展，驱动中国制造业"弯道超车"，主导全球价值链快速低碳转型，推动产业结构升级实现高质量发展。本书以众多国家形成共识并达成多项协定、不同国家和地区积极承诺实现碳中和的时间目标为依据，面向实现碳中和目标，借鉴多数发达国家实现工业化与现代化的经验，特别是他们在20世纪末实现碳达峰过程中积累的绿色低碳科学研究和技术布局方面的实践经验，为我国做好实现"双碳"目标的绿色低碳技术布局提供参考。

　　一是构建"人-物质-环境"三种生产理论分析框架，论证实现碳中和的关系解构、实现机理和技术保障。①理论辨析以人的发展解放为出发点和落脚点，通过需求牵引驱动社会变革；以物质生产系统高质量发展为承载主体，通过能源转型驱动经济绿色革命；以环境生产碳中和为目标诉求，通过降低碳排放增汇驱动生态优化。②诠释统一"发展和减排"关系，改革供需结构，驱动三种生产螺旋上升；统筹"整体和局部"关系，因地制宜地锚定主阵地，提高效率保障公平；优化"短期和中长期"关系，精准设计一致性持续规划目标。③科技是实现碳中和的战略支撑：以人-物质-环境生产交互界面为突破点，通过管理、文化和技术有效协同形成驱动碳中和的合力，从物质生产系统内部及其和环境生产系统的交界面角度，提出聚焦能效提升、排放控制、原料替代和新技术应用等支撑碳中和目标实现的策略。

二是建立对数平均迪氏指数法(logarithmic mean Divisia index, LMDI)模型实际测算中国 2012~2019 年工业 CO_2 排放驱动因素, 发现实现碳中和目标必须依赖于科技创新。为了研究行业视角下创新对减排的驱动效应, 本书建立 LMDI 模型, 实际测算结果表明: 创新转化效率和创新研发投入的提高并没有发挥预期的减排效应, 创新分布广度是最重要的减排驱动因素; 创新激励政策没有发挥预期的减排效应, 电力行业对工业碳排放影响最大, 各因素对电力行业的影响效应具有独特规律。保障和重视创新的分布广度, 激发各主体全面创新, 把握科技创新从转化到实际应用的环节, 引导科技创新向绿色低碳技术倾斜, 是科技创新支撑我国碳减排实现的关键。

三是运用可视化工具 CiteSpace 绘制论文和专利数量时间分布、国家合作网络、作者合作网络、关键词共现网络和共被引聚类等知识图谱。①基于 Web of Science 和中文社会科学引文索引数据库, 2000~2019 年全球在碳排放与经济增长等领域发表论文 1845 篇, 我国论文数量排名第一, 达到全球发表论文总数的56.206%, 平均被引数仅为 24.65 次, 说明研究成果没有得到学术界的足够关注, 但形成了碳排放与经济增长研究合作网络的核心节点等。②根据世界知识产权组织确定的替代能源生产、交通运输、节能、废物管理、农林业、行政监管设计、核能等七大绿色低碳技术领域的国际专利分类(International Patent Classification, IPC)号, 在智慧芽(PatenSnap)和大为(Innojoy)专利数据库检索获得 2000~2020 年的专利数据信息, 发现授权量排前 10 位的热点绿色低碳专利主要聚焦于节能、储能和新能源发电等技术。其中, 排第一位的专利类目为半导体器件(IPC 号: H01L); 排第二位的专利类目为用于直接转变化学能为电能的方法或装置(IPC 号: H01M); 排第三位的专利类目为供电或配电的电路装置或系统, 电能存储系统(IPC 号: H02J)。截至 2020 年, 绿色低碳技术研发形成了以中国、美国、日本、韩国四国为中心的合作网络, 中国国家知识产权局是授权量最多的专利局; 国内外布局重点是替代能源生产、废物管理、节能三大领域等。

四是风光等波动性可再生能源大规模接入电力系统会严重威胁其稳定运行, 仅依靠常规火电机组进行调峰会带来更高的整合成本和碳排放, "风光+储"新业态已成为支撑我国低碳、安全发展新型电力系统的新模式, 对于促进新能源高比例消纳、保障电力安全供应和提高电力系统运行效率具有重要支撑作用。要想实现碳中和, 目标能源是主战场, 电力是主力军, 新型电力系统是关键载体。我国推动碳中和目标的落实, 需要从发展清洁能源发电技术, 实现源头减碳, 提高化石燃料利用效率, 推动过程减碳, 加快碳捕集、利用与封存(carbon capture, utilization and storage, CCUS)研发示范, 促进捕碳固碳, 引导新型储能技术创新, 维护系统安全, 推动氢能产业技术发展, 助力能源转型等方面部署绿色低碳科技发展保障。

　　本书受中国华能集团有限公司-西安交通大学能源安全技术攻关课题的支持，旨在为碳中和背景下的绿色低碳科技发展、新型电力系统建设以及我国实现碳中和目标的相关议题提供基础性参考，以期引发政策制定者、投资决策者、研究人员及社会公众的深入思考与广泛关注。通过系统梳理相关研究成果，我们期望能够为推动绿色低碳技术创新、促进可持续发展贡献绵薄之力，使学术研究成果更好地服务国家战略需求和社会经济发展。我们谨向所有为本书撰写、出版给予支持和帮助的同志表示衷心感谢！作者的知识水平和时间有限，不足之处在所难免，敬请广大读者和有关专家予以批评和指正！

郭菊娥

2023 年 11 月于西安交通大学

目　录

第一篇
中国实现碳中和的机理与驱动因素分析

第1章　中国实现碳中和面临的挑战和支撑策略

　　地球的大气层能让太阳辐射中的可见光部分透过到达地球表面，地球表面在吸收太阳热量后会向外辐射热量，其中一部分是以红外线的形式向外散发，而大气中的二氧化碳、甲烷、氧化亚氮等温室气体能够吸收这些红外线辐射，阻止热量向外太空散失，从而使地球表面温度升高。这一过程揭示了温室效应，解释了碳排放过多与气候变化的关系。工业革命以来，人类燃烧化石燃料会释放出二氧化碳，导致大气二氧化碳浓度不断增加，地球吸收和保留的热量随之增多。世界气象组织发布的《2019年全球气候状况声明》显示，2019年全球平均气温较工业化前水平已经上升了约1.1℃，揭示碳排放过多是导致气候升温变化的驱动因素，给人类社会造成了经济、生态和社会的巨大负面影响。

　　在经济方面，极端天气事件频繁，不仅会破坏能源基础设施(石油管道、供电网路、发电厂等)，导致能源供应中断，使工业生产领域能源供应不稳定以及生产成本提升，而且还会破坏自然景观和文化遗产，使全球旅游业受损。此外，极端天气导致自然灾害发生频率上升，使得保险行业需要担负更高的赔付成本。英国2024年第二季度，极端天气对家庭和企业造成的损失急剧增加，相关天气影响的索赔金额达到1.44亿英镑，各类保险总赔付金额环比增长5%，达到14亿英镑。《自然》杂志2024年发表的研究表明，到2049年全球经济收入或由于之前的排放减少19%，这些估算损失将超过按《巴黎协定》限制变暖的相应成本的6倍。

　　在生态系统层面，二氧化碳浓度不断增加、气温升高和栖息地破坏使许多物种面临生存危机，加快了物种灭绝的速度。气候变化导致亚马孙雨林干旱以及森林火灾频发，不仅烧毁了大量树木，还释放了大量二氧化碳，使森林从碳汇变为碳源；对森林植被的破坏影响了其涵养水源的功能，导致水土流失、河流泥沙含量增加；生态系统的自我调节和平衡能力被打破，其功能变得更紊乱、更难治理。

　　在社会层面，气候变化引发海平面上升，干旱和洪水等灾害导致许多人被迫离开家园，引发社会矛盾和冲突。气候变化增加了传染病传播的风险，不仅对患者个人的健康造成严重损害，还加重了当地公共卫生系统的负担，导致医疗资源紧张，社会福利支出增加。气候变化对粮食安全也造成威胁，如2024年菲律宾受厄尔尼诺现象影响，农业损失达59亿比索，折合人民币约7.4亿元。

　　为应对全球气候变化严峻的现实，国际社会达成多项协定，众多国家和地区承诺了实现碳中和的时间并形成了全球共识。"双碳"目标，是中国积极应对全球气候变化的新举措，彰显了中国引领人类命运共同体高质量发展的决心，为中国绿色低碳发展提供机遇的同时，也面临着诸多复杂挑战(董丝雨和王云杉，2024)。本章面向碳中和经济社会深刻变革的复杂系统特征，基于马克思生产理论拓展环境维度，从"人-物质-环境"生产系统协同的视角，论证碳中和实现的关系解构和关键要素支撑机理，尝试利用系统观念，给出经济社会环境协调实现碳中和的架构方案，重点聚焦于为实现碳中和目标提供技术层面的支撑与保障策略。

1.1　中国实现碳中和面临的挑战

目前，我国经济正处于以能源快速消耗为主要特征的城镇化和工业化深入推进时期，国民经济的能源密集化趋势十分明显，同时存在产业结构偏重及能源结构偏煤的问题，能源开发利用较发达国家面临更为突出的结构性矛盾。在推进"双碳"目标的过程中，受国家能耗双控政策考核周期与煤炭价格大幅上涨等因素影响，部分地区曾采取"拉闸限电"的强硬措施应对电力供需矛盾，严重威胁了能源供给安全和市场平稳发展，凸显了中国电力供给结构对火电的高依赖程度，暴露出光伏、风电等可再生能源发电技术在面临极端天气多发情况下的风险，揭示中国实现碳中和是一项复杂的系统工程，需要系统观念和方法指导现实统筹各项工作。实现碳中和作为广泛深刻的经济社会系统性变革，最为突出的挑战是经济社会系统如何实现"发展和减排""整体和局部""短期和中长期"等诸多矛盾关系的和谐共生。

绿色转型发展面临诸多矛盾挑战。中国在现有经济结构的基础上取得了巨大的发展，传统高污染、高排放、低质量的产业密集区域逐渐接近增长的极限，面临更高质量、绿色转型升级的严峻考验，压力集中体现在发展和减排绿色转型关系命题的使命责任担当与具体执行上。发展是减排的本质要求和最终目的，减排是发展的必要条件和阶段目标，关键冲突聚焦于"短期经济增长"与"硬性减排指标"等诸多矛盾。为贯彻发展与减排的相互促进，保障碳中和目标的实现，在思想意识、政策法规、评价方法上应逐渐从"量的大小"向"质的高低"转变，不仅需要关注生产总值，还应科学评判资源禀赋、所处的发展阶段以及转型的成效质量，使碳排放强度从总量、总量强度双控制向强度控制转变。必须防范绿色转型异化为"发展还是减排"的选择题，防止碳排放强度"不降反增"、经济发展"因噎废食"的情况继续发生。

资源禀赋、效率公平面临差异特色挑战。碳中和是由各地区、行业、企业等子系统协同实现的系统工程，资源禀赋、效率和公平事关碳中和实现的速度与质量，实现"充分"和"均衡"是碳中和追求的目标。自然资源禀赋差异导致中国西部省区长期承担国家能源供给任务，在实现碳中和过程中同能源消费省区相比，势必面临更艰难的被动局面，如何协调和合理补偿是关乎碳中和实现过程中区域发展公平性的重要问题。要解决区域补偿方案，涉及碳中和全国和各省等上下级区域之间指标确立的公平，各行业在经济系统中的定位及其助力支撑的效率等诸多具体现实问题，需要理顺整体和局部的关系。党中央多次强调，碳中和是总体中和，坚持"全国一盘棋"是做好碳中和工作的重点，也是正确处理整体和局部关系的方法。"全国一盘棋"的要点首先是整体性，所有的"棋子"应服务全局，局部服从整体；其次是全局运筹帷幄，通过科学的顶层设计为局部找准定位，明确配合机制；最后是局部各司其职，坚决执行碳中和相关任务，保障经济的安全、稳定、高效运行。

短长期路径规划面临持续发展挑战。碳中和规划时间跨度较长，其对社会经济发展的影响深远，因此不求毕其功于一役，路径规划应具有充分的可持续性，为中国未来发展积聚新动能。碳中和可持续发展源于以科学务实的原则处理短期和中长期关系，动态调整碳达峰、碳中和的年度结构指标与中长期指标间的联系。需要注意的是，短期碳达峰目标值定位越高，越有助于实现碳达峰，但不利于实现碳中和，"冲高峰"的行为无异于饮鸩止渴；如果短期碳达峰目标设定过于严苛，鉴于技术进步速度等因素，将提高碳中和全过程的全社会成本，甚至损伤中长期可持续发展。短期和中长期是不可分割的，短期的任何变化都会影响中长期目标。因此，科学设定长远规划和短期目标是关键。

内部和外部风险面临交织突变挑战。立足碳中和的起步阶段和复杂的国际环境，实现碳中和目标同时面临来自内外部交织的各类风险。中国在推进碳中和的进程中，必须避免过于激进或消极的行动，以防给经济社会系统带来极大危害。其中，对于运动式减排的不可持续风险、能源系统的安全风险、经济系统的遇冷风险等，需要进行预判并给出应对预案。中国面临着碳排放总量大、强度高，碳中和实现周期短、难度大等压力(张贤等，2021)，同发达国家碳排放随产业结构升级的自然下降相比，要实现碳中和，在社会治理、经济转型等方面的挑战更加突出。同时，在错综复杂的国际环境下，不稳定性和不确定性明显增加，百年未有之大变局加速演进，重塑全球产业链和供应链面临巨大挑战。

1.2   中国实现碳中和目标的关系解构

面对碳中和多重现实问题，诸多研究聚焦实现碳中和的路径规划、政策和技术，同时从理论视角关注生态与经济协调、绿色和技术经济发展等问题。马克思始终追求解决人和自然、人和人之间的矛盾(马克思和恩格斯，1979)，其生态思想及其发展对碳中和相关研究的价值逐渐凸显。张盾(2018)从政治哲学角度分析了马克思生态思想，认为解决生态问题要追溯到"自然""科学""需要"的原初本质。黄建洪(2021)论证了绿色发展理念继承和发展了马克思主义生态思想，是融合了自然发展、社会发展、人自身发展的发展观，绿色发展是实现碳中和目标新时代国家治理的新范式。

继承和发展马克思生产理论，是厘清生态问题根本矛盾的一种有效方式。马克思面向人类历史发展动力问题提出"两种生产理论"概念，恩格斯对其进行了系统阐释，认为"直接生活的生产和再生产"(马克思和恩格斯，2009)是历史发展的决定性因素，生产本身分为食物、衣服、住房以及为此所必需的物质工具的生产，以及人类自身种族的繁衍生产。随着对马克思生产理论理解的深入，隽鸿飞(2004)认为，"人类自身的生产"内涵不仅是单纯物种的繁衍，还包括通过消费物质维持生命以及构建社会关系，这两种生产是不可分割的。俞吾金(2003)从哲学意义上的广义生产理论视角，在两种生产基础上联系"精神生产""社会关系的生产"，提出马克思"全面生产"的理论阐释。马克思两种生产理论的基本假设是自然环境可以无限供应资源和消纳废物，但伴随自然资源环境问题的凸显，叶文虎和陈国谦(1997)认识到这种假设的局限性，提出了三种生产理论，其基本假设是自然界资源和消纳能力有限，对于直接生活生产和再生产来说，为它们供给资源与消纳废物的环境生产是关键。追求碳中和的发展进程，正是使人类历史发展动力由"人类自身的生产""物质资料生产"向"环境生产"转型的深化。

"环境生产"追求自然解放，面对人和物质生产对自然环境资源的依赖，随着生产方式和生产力的进步，环境问题成为人和物质生产的桎梏，如何在构建人与自然命运共同体中实现"和谐共生"，是实现人和物质生产解放必须回答的问题。试图封闭社会系统、经济系统，断绝与生态系统的联系是不符合生产现实、违背基本物理规律的。因此，要在保持生态系统开放性的情况下，追求环境碳中和以抵消人类活动对生态系统碳循环造成的影响。全球气候变化的根本原因是人和物质生产对自然界资源的过度索取和过度污染排放，导致迄今为止以"碳"为代表的生态与生产之间的矛盾日益突出，追求碳中和的实质是努力摆脱以"碳"为代表的化石资源对人类发展的"资源环境约束"，是对自然解放的追求。

碳中和不同于简单的减污降碳行动，并非单纯的生态命题，而是社会、经济、生态系统的有机协调，是人、物质、环境三种生产的协同演进。本书将基于拓展环境维度的马克思生产理论，从三种生产理论——人(社会系统)、物质(经济系统)、环境(自然系统)的系统观念角度分析生产活动，作为碳中和这一涉及多系统协同、多主体交互的复杂问题分析框架。以"三种生产的本质关系，三种生产对碳中和实现的支撑作用，碳中和实现对三种生产的积极影响"逻辑，解构"人-

物质-环境"生产驱动"双碳"目标的复杂关系(图 1-1)。

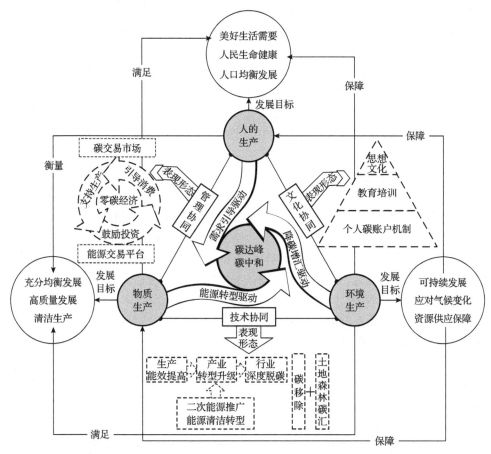

图 1-1　三种生产协同驱动碳中和发展目标的关系解构

人的生产通过需求牵引驱动社会变革。人的生产为经济系统提供消费、生产和投资行为,同时向生态系统输出生活消费碳排放,是开展物质生产与环境生产的前提和根本,其本质内涵是实现人类发展与繁衍。人的生产发展目标是通过人的生产支撑人口长期均衡发展,通过环境生产保障人民生命健康,通过物质生产满足人民日益增长的美好生活需要等。人的生产是"双碳"目标实现的基石,不仅能直接减少生活消费的碳排放,而且能从需求侧牵引驱动社会变革,通过消费选择、投资倾向等路径,驱动经济社会系统进入绿色发展的良性循环。人类生产活动对"双碳"目标实现的推动作用,主要体现在驱动生产方式、生活方式和组织方式发生深刻社会变革。

碳中和目标将给人的生产带来深远影响。马克思主义生态思想强调以人为本的人与自然协调发展(赵建军和杨博,2015)。马克思认为人与自然关系的异化会影响人与人之间社会关系的异化，自然解放是为了人的解放，追求自然生态平衡是实现人的全面发展的一部分，即实现"人类与自然的和解以及人类本身的和解"（马克思和恩格斯，1956）。中国特色社会主义制度具有自我完善的重要特性（陈建兵和高镜雅，2021），在碳中和目标导向下包括法律、教育、文化在内的社会制度会适应新的生产方式，教育生产和社会文化将不断提高人的素质，促进人的全面发展。根据碳中和目标的现实需求、生产方式、价值导向，积极开展法律、政策等社会制度的自我完善，防范生产方式变革带来的意识形态风险，不仅有助于经济生产与环境治理形成合力来支撑碳中和实现，更将推动社会主义建设事业迈入新阶段。

物质生产通过能源转型驱动绿色发展。物质生产是承载三种生产运转的基本保障，其内涵是提高经济社会发展水平。物质生产的发展目标是支撑人的生产充分均衡发展，协同环境生产开展清洁可持续转型，实现高质量物质生产的新时代目标。物质生产为人的生产提供能源等生活资料，同时向生态系统输出生产消耗的碳排放。物质生产系统是碳中和目标实现的承载主体，实施能源转型是实现碳中和目标的重要驱动力。满足人类对清洁能源的迫切需求是促进经济社会与资源环境协调发展的根本（邹才能等，2021）。因此，要在物质生产系统内通过提高生产能效、行业深度脱碳等举措，摆脱高化石能源消耗带来的高碳排放格局。中国碳中和目标的提出不仅是应对气候变化的积极行动，更是追求绿色发展模式的重要机遇。在"双碳"目标的"倒逼"下，物质生产将发生系统转型，促进低碳新工业体系的构建、绿色交通与建筑的普及、农业精细化管理的发展等（郭朝先，2021），从而改变长期以来的我国价值链位于全球价值链的中间加工环节、价格受制、自主话语能力差、高附加值环节发展不足等情况（郭菊娥等，2021）。

面向碳中和目标，中国物质生产系统不仅需要开展供给侧结构性改革，借助中国价值链从原材料到销售的完整产业链与庞大存量优势，为需求侧提供强大的成本保障，更需要通过挖掘和创造增量优化需求侧，牵引供给侧持续发展，创造巨大市场驱动力，催生绿色金融支持技术发展，驱动中国制造业实现"弯道超车"，快速主导全球价值链。在碳中和目标约束下，中国的高质量发展转型战略将配套相应的政策，形成需求侧管理和供给侧结构性改革相结合的市场驱动力，推动产业结构升级发展。

环境生产通过降碳增汇驱动生态优化。环境生产支撑人和物质生产系统的可持续发展，其内涵是改善自然资源环境。环境生产的发展目标是支持物质生产所需资源供应，保障人口的可持续发展，有效应对全球气候变化等。环境生产为人和物质生产系统提供生活生产所需的化石原料与能源。碳中和指温室气体"源"与"汇"平衡，自然界可以完全消纳人为产生的温室气体。环境生产不仅需要通过二氧化碳捕集、收集、利用和储存等活动人为地干预大气环境中的二氧化碳含量，而且需要通过耕地保护恢复、植树造林等活动主动增加自然环境碳汇，以降碳增汇直接驱动生态环境走向碳中和目标。

生态环境是文明的物质承载体，人的生产、物质生产均以环境系统为基础。社会发展受环境承载力刚性约束(封志明等，2017)，人类活动碳排放导致的全球气候变暖对环境承载力影响深远，在全球范围内控制气候变暖有利于提升整体生态承载力。因此，碳中和目标的实现可以减缓温室效应，保障人类文明存续。

碳中和将极大促进环境生产的发展。温室气体排放与大气污染物排放很大程度上同根、同源、同过程，在解决碳排放问题的过程中，新的发展模式、生活方式、科学技术等均有利于开展以碳为核心的生态协同治理模式。近年来，中国沙漠地区的光伏和风电发展迅猛，结合气候干燥、土地利用成本低等特点，充分利用光能和风能资源，在沙漠治理、生态修复等方面发挥了巨大的协同作用(肖建华等，2021)。环境协同治理可以在达成碳中和目标的同时有效提高自然环境承载力，拓宽自然资源利用途径，提高人口和经济规模的承载容量，保证中华文明的永续发展。

三种生产协同驱动碳中和目标协调发展。人的生产系统、物质生产系统、环境生产系统分别为实现"双碳"目标在需求引导、能源转型、降碳增汇等方面提供驱动力，实现碳中和目标的关键是"人-物质-环境"三种生产协同交互，其和谐关系取决于三种生产系统间的和谐程度(叶文虎和陈国谦，1997)，促进碳中和目标的关键行动集中在三种生产系统界面协同上，包括管理协同、技术协同和文化协同等。

1.3　"人-物质-环境"生产系统驱动碳中和实现的支撑机理

一是改革供需结构，赋能碳中和。习近平在《生物多样性公约》第十五次缔约方大会领导人峰会讲话中提出，"绿水青山就是金山银山。良好生态环境既是自然财富，也是经济财富，关系经济社会发展潜力和后劲"[①]。面向经济社会可持续发展目标问题，厘清碳中和发展和减排的协同关系，通过新型发展模式实现减排是为了更好地发展，在供给侧与需求侧交替发力改革的路径中实现"人-物质-环境"三种生产系统的生产力和生产结构螺旋上升，最终实现碳中和目标(图1-2)。处理好气候治理与经济发展矛盾，就需要改变气候治理是"成本"的观念，认识到环境生产将引领高质量发展，激活气候治理新兴产业发展活力，促进传统产业绿色转型，物质生产系统推动经济结构从能源密集型向技术密集型转变，以及低附加

---

① 《习近平在《生物多样性公约》第十五次缔约方大会领导人峰会上的主旨讲话(全文)》，https://www.gov.cn/xinwen/2021-10/12/content_5642048.htm，2021年10月12日。

值产品向高附加值产品转化，实现经济新旧动能转换。

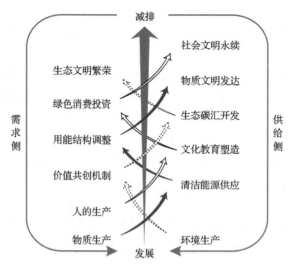

图 1-2 改革供需结构赋能"人-物质-环境"生产系统实现碳中和

以"塑造人—驱动人—发展人"为逻辑主线赋能人的生产系统。供给侧：文化教育塑造人先行，通过教育培训、宣传引导等措施，营造响应碳中和目标的社会文化氛围，输出具有知识技能、追求生态友好的新人才。需求侧：挖掘具有良好生态观念的人的需求潜力，探索个人消费碳排放账户，发挥绿色消费投资人对物质生产系统生产的牵引作用，降低人的行为碳排放，促进消费投资绿色发展，最终实现人的自我解放，进入"社会文明"的新时代。

以能源革命为承载体实施系统改革赋能物质生产系统。供给侧：从清洁能源开发利用开始，推进电力脱碳与零碳化、燃料零碳化、能源利用高效化、电气化和智慧化等重大变革，应对高比例新能源和海量负荷的双重随机性与波动性给电网功率平衡和安全运行带来的极大挑战（黄震等，2021），为物质生产系统清洁运营、生产力和生产结构全面提升提供能源保障。需求侧：开展用能结构清洁优化行动、能源利用效率提升行动、需求侧灵活响应工程等，摆脱能源强约束，通过调度响应机制提升能源系统的经济性、稳定性，直接减少物质生产系统生产碳排放，实现"物质文明"的发展。

以生态碳汇为主要改革对象赋能环境生产系统。供给侧：通过政策、资金等支持，大力开发生态碳汇，扩大中国碳汇储备，促进环境生产自发建设的发展，实现"生态文明"的繁荣。需求侧：从碳汇价值共创机制构建开始，形成碳税、碳补偿等定价机制和市场交易制度，将碳汇纳入生产要素范围并搭建价值交换平台，为负排放产业创造盈利渠道，使碳汇有效流动，为环境生产提供内在动力。

二是统筹整体和局部，支撑碳中和。中央强调碳中和工作坚持全国一盘棋，不同区域的发展基础、资源禀赋、发展定位和任务等存在较大差异。中国各区域实现碳中和的"局部最优"不等于全国实现碳中和的"全局最优",不同区域在碳中和的实现过程中要遵循"共同但有区别的责任"原则,立足实际选择不同的生产系统部署改革发展,完成不同的碳中和发展目标(图 1-3)。

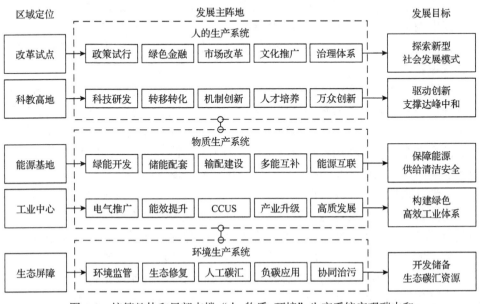

图 1-3　统筹整体和局部支撑"人-物质-环境"生产系统实现碳中和

市场经济和社会治理竞争力较强的区域,以人的生产系统为发展主阵地,以探索新型社会发展模式为目标,明确作为碳中和改革试点的定位。开展碳中和相关政策、法规、标准等的先行先试,积累系统协同制度和文化保障经验;发展绿色信贷、绿色债券、绿色基金等绿色金融,建立碳交易市场、电力交易市场等承载体,实现资金、技术、信息的高效流动,利用金融工具引导资金支持低碳负碳产业,激活低碳负碳产业投资活力,提高碳投规模、降低边际成本。

科技资源和产业较发达区域,以人的生产系统为发展主阵地,以驱动创新支撑碳中和为发展目标,明确作为碳中和科教高地的定位。充分利用科教优势和产业竞争力,加大碳中和关键科学技术重点研发投入,特别是高渗透率电力系统的"源-网-荷-储"一体化实现等核心技术,做好低碳负碳技术研发储备,将技术以成果转化等形式流向物质生产主体,培育绿色产业集群,建设碳中和技术评估、交易系统平台等市场环境;完善碳中和科技创新激励机制、探索针对碳中和重点科研项目的新型举国体制、创新碳中和科技考核评价标准、建立碳中和科技"价值共创共享"创新联合体制度等;加强碳中和"卡脖子"科技自主创新,培育相关产业发展,依托"一带一路"等合作关系,通过配套贸易政策、关税、服务等手段，持续鼓励低碳、负碳技术服务出口。

风、光等可再生能源资源丰富的区域，以物质生产系统为发展主阵地，以保障能源供给清洁安全为发展目标，明确作为碳中和能源基地的定位。加强清洁能源开发与配套储能技术部署，以技术突破降低成本为主要抓手，面向总体能源供给与需求，量体裁衣规划电源结构，提高对全国范围内能源的调度能力，防止盲目提高电网可再生能源渗透率带来的系统风险；以多能互补为主要模式探索能源系统体制机制改革，建立有效的全国能源交易服务平台，合理配置分摊碳中和的社会成本。

传统工业和高耗能行业比例较高的区域，以物质生产系统为发展主阵地，以构建绿色高效工业体系为发展目标，明确作为高耗能工业中心区域的定位。通过技术和管理方式创新运用提高能源利用效率，大力提高电气化水平，合理规划碳中和的实现路径，推动化石能源向原料一体化利用转型，着力推广 CCUS 技术低成本应用，实现工业产业结构升级，为高质量发展提供保障。

土地、森林、海洋等碳汇潜力较大的区域，以环境生产系统为发展主阵地，以开发储备生态碳汇资源为发展目标，明确作为碳中和生态屏障区域的定位。部署建设环境监管体系，坚持山水林田湖草沙一体化保护和系统治理，加强生态保护修复，加大人工开发生态碳汇的力度，重点规划环境生产的碳汇开发与负排放技术应用示范，增强碳吸纳能力，挖掘环境协同治理的机理和经验。

三是优化短、中长期目标，保障碳中和。碳达峰和碳中和是人类社会发展不同阶段的目标诉求，本质上都是经济社会绿色低碳转型。碳达峰是调整能源结构、应对气候变化的短期任务，碳中和是经济社会全面绿色发展的中长期任务。碳达峰是人类社会最终向碳中和发展的"里程碑"，绿色低碳发展以碳达峰为过程目标，以碳中和为最终目标。实现碳中和要避免短期任务损害中长期目标，不能将短期任务和中长期任务割裂。

碳达峰既不能盲目追高导致强"路径依赖"与"沉没成本"，进而为碳中和制造阻碍，也不能一味求低给经济社会带来沉重负担。合理的碳达峰应是在时间和资源禀赋不确定的约束下，有效调节"人-物质-环境"三种生产平衡点，使其可持续发展。

2021 年 7 月 30 日中共中央政治局会议指出，碳达峰、碳中和工作要"先立后破"，在发展进程上要将经济发展摆在前置位置（郝江震和杨博，2021）。实现碳达峰、碳中和目标是环境生产的具体诉求，经济发展是物质生产的具体需求，本质上物质生产是推动环境生产发展的基础，因此良好的经济发展是实现碳达峰、碳中和的必要支撑。从短期来看，碳达峰、碳中和会对经济发展指标产生一定的负向影响，尤其是对资源依赖型区域或高耗能产业集中区域，但不能因噎废食导致经济停摆，要有序规划产业结构，明确改革方向，特别对"两高"项目加以区分，将经济短期波动控制在合理范围内，避免经济发展出现"急转弯"。

在科技攻关部署方面，不仅要在碳达峰期间重点布局能效提升等短期内有效的技术，而且要将氢能、大规模储能、负排放技术等科学技术提前布局，重视科学技术发展的规律特征。颠覆性技术研发和技术跨越性发展需要基础研究支撑，因此在技术规划中要锚定碳中和最终目标，同步推进颠覆性技术研发，超前布局相关基础科学研究。

1.4　中国实现碳中和的支撑策略

1.4.1　中国实现碳中和的科技支撑策略

前沿科学的发展和颠覆性技术突破是实现碳中和的重要保障。实现碳中和的技术规划保障，主要聚焦物质生产系统内以及物质生产和环境生产系统界面的技术协同。根据支撑功能的特色，技术活动类型分为效率提升技术、排放控制技术、原料替代技术和新应用技术等，如图 1-4 所示。

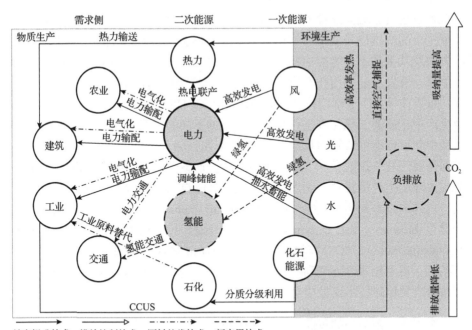

图 1-4　统筹整体和局部，支撑实现碳中和

一是要加强一次能源技术开发利用。物质生产从自然环境中取得的资源逐渐由煤、石油、天然气等化石能源转向风、光、水、地热、潮汐等可再生能源。在

能源构成转变过程中，需要部署新能源发电产业的生产制造、维护、运行发电等环节效率提升的关键技术。特别是超高效光伏电池技术，高空风电机组技术，海上固定式或漂浮式风电技术，风电场群发电功率优化调度运行控制技术，地热发电、海洋能发电与生物质发电技术等。

二是要重塑二次能源技术保供增效。建设高比例可再生能源、高电气化程度的双高电网，构建安全稳定清洁的能源供应系统，是二次能源技术保供增效攻关的核心。推进特高压电网建设降低输电损耗，推动柔性交直流输电等技术，发展适应高比例可再生能源电网，部署储能技术为解决可再生能源不稳定性提供支持。同时，需要部署能源供应系统集成调度、多能互补、调峰储能等技术，高精度可再生能源发电功率预测技术。氢能的绿色经济利用是能源结构的根本性革命，利用可再生能源制取"绿氢"不仅可以降低二次能源的碳排放量，而且"绿氢"还能作为可再生能源需求侧的响应主体，提高可再生能源的利用率。可再生能源电解水制氢，大规模物理储氢和化学储氢，规模管道输氢等制氢、储氢、输氢、用氢等技术的突破，可以实现经济地获取清洁氢能并使其得到充分利用，拓展能源系统结构，支撑交通等部门脱碳。

三是要集成终端需求技术综合减排。工业、建筑、农业、交通部门等终端需求，最主要的减排途径就是电气化与生产流程再造。以煤、石油、天然气为主的化石资源及其制品不仅为交通部门、电力部门提供燃料，还是工业等部门的重要生产原料。开发工业部门化石原料替代技术，进行生产流程再造是工业部门深度脱碳的重要途径。工业部门排放控制技术聚焦 CCUS 等，利用 CCUS 技术可以对工业生产中排放的二氧化碳进行收集，并通过不同的手段对其进行有效利用，是实现碳中和目标不可或缺的技术保障(张九天和张璐，2021)。

四是要开发负排放技术，优化生态环境。在碳中和目标约束下需要物质生产系统支撑环境生产负排放，利用负排放技术吸收自然环境中的二氧化碳排放量。目前，负排放技术聚焦直接空气捕获(direct air capture，DAC)、生物能源与碳捕获和储存(bioenergy and carbon capture and storage，BECCS)、土壤碳封存(soil carbon sequestration，SCS)等类型。经济的负排放技术是实现碳中和目标的充分必要条件，以系统观念布局科技发展，近期降碳技术与远期负碳技术并重，合理规划科研攻关保障技术落地应用。

1.4.2　中国实现碳中和的多能互补支撑策略

电力行业的二氧化碳排放量约占中国能源活动碳排放量的 41%，提高新能源的消纳比例是实现碳中和目标的关键。多能互补是指不同资源条件下多种供能对象互相补充、时空互济、协同运行，合理保护和利用自然资源，同时获得良好环境经济效益的用能方式。多能互补主体包括生产端"风-光-水-火"等生产主体、功能端"源-网-荷-储"等环节和供能端"冷-热-煤-油-气-电"等主体,其中生产端以风、光、水等清洁电力为主导,火电、油气电为补充,供能端以电力为主导,多能互补体系及其特征如图1-5所示。

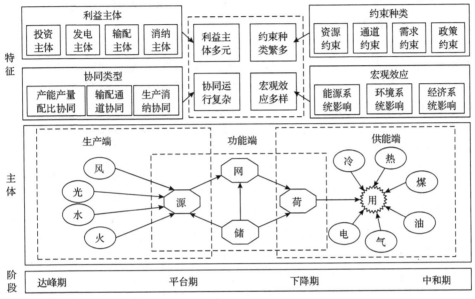

图 1-5　多能互补体系及其支撑特征

从累计装机规模来看,我国的风电、光电、水电均居世界首位,同时以风电、光电大规模开发利用为标志的新一轮能源革命正在深入推进,新能源在能源系统中扮演着越来越重要的角色。我国新能源发展正经历着补充能源上升为替代能源的阶段,我国能源需求的增量逐渐由清洁能源提供,从远期来看,可再生能源对化石能源将进一步迈入存量替代阶段。生产端"风-光-水-火"多能互补持续健康发展所产生的巨大宏观效应,是实现我国能源结构绿色转型、环境污染治理和经济可持续发展宏观目标的关键途径之一,"源-网-荷-储"功能端的健康发展是电力能源高效消纳的重要保障,供能端"冷-热-煤-油-气-电"多能互补是我国碳中和目标驱动下的发展方向,得到政府、业界和学术界的极大关注。

多能互补体系的协同运行是通过多种能源形式融合、多种供能方式协同、"源-网-荷-储"多环节协作运行、多种政策协同驱动实现的,其关键在于"协同"。其中,风电、光电具有初始投资高、后续运行成本低、环境友好等优势,但也存在波动性大、低可预测性等不足。水电边际成本低,是高效的风电、光电调节者,但受资源禀赋限制。火电污染排放大但稳定可靠,承担着保证能源安全供应和为系统调峰、保证电力系统稳定运行的双重责任,其在水资源缺乏的地区,是风电、光电必不可少的调节者。煤炭是我国当前最主要的能源,除了电力生产,在终端能源消费中也占有重要地位，但也是最主要的排放主体。储能能够实现电力供需的时间转移，阶段性改变供需平衡状态，在发电端可以平滑出力，跟踪发电计划，调峰调频，在输配端可以缓解电网扩容与负荷增长间的矛盾，推动系统由功率传输向电量传输转变，在供能端可以进行需求侧响应，调节峰谷，提高消费端分布式新能源的接入能力。

利益主体多元化是多能互补体系的主要特征。由于电力目前尚没有实现大规模存储，电力的生产、输配和消纳同步完成，"源-网-荷-储"功能端产能产量配比协同、输配通道协同、生产与消纳同步决定了多能互补体系协同运行复杂度高。在整个多能互补体系中，不仅有生产端、供能端针对不同主体的形形色色的约束，还有电网通道、输配环节的通道约束，以及针对清洁消费的供能端能源的需求约束及政策约束，这些形成了多能互补体系种类繁多的约束体系。复杂的多能互补体系是我国能源系统中的重要组成部分，其对能源、环境、经济又产生巨大的宏观影响效应。

从协同机理来看，在碳中和目标驱动下，达峰期、平台期、下降期和中和期多能互补主体的结构将会发生深刻变化，过去较为独立的电力、交通、工业、建筑等部门已经由能量流紧密联系起来。同时，以信息技术为底层环境，以政策和市场为协调机制，诸多社会行为以多种用能方式被引入能源系统中，从而使能源系统演化为以清洁电力为中心的多部门深度耦合能源生态系统。不同主体在内外部因素共同作用下以交互、互补、替代等机理为核心的协同共生耦合机理将发生深刻变化。

从宏观影响效应来看，在多能互补体系的实际运行过程中，由于调峰能力不足等原因经常出现"弃风弃光"现象。"弃风弃光"的本质是弃电，弃电的实质是通过机组的降额运行来承担电力系统调节任务，片面追求百分之百消纳可再生能源会极大提高系统的备用率，也会带来过高的边际消纳成本，影响整个多能互补体系的经济、环境、安全和社会等方面的宏观效益。就多能互补体系的全局而言，风电、光电的消纳水平并非越高越好，即存在合理利用率，不同地区、体系调峰成本、可再生能源规模、投资建设和发电成本以及 CCUS 等都对其产生影响。因此，不同多能互补体系的合理利用率水平并不相同，这就需要科学评测风电、光电等新能源发展对于电力系统和电力系统能源结构变化的影响，以及能源系统、多能互补体系对环境经济的宏观影响效应，为科学实施多能互补提供依据。

从实现路径来看，随着碳排放总量、储能技术发展、能源生产和消费结构变化以及 CCUS 技术等碳中和技术成熟度的变化，多能互补体系协同发展的实现路径在达峰期、平台期、下降期和中和期将阶段性推进。在电力能源生产端，"风-光-水-火"电力的生产与各主体的品种、空间、时间高度相关，在碳中和目标驱动下，打造以新能源为主体的新型电力系统，是实现碳达峰、碳中和目标的关键。

从功能端来看，电网连接电力生产和消费，是重要的网络平台，是能源转型的中心环节，是电力系统碳减排的核心枢纽，既要保障新能源大规模开发和高效利用，又要满足经济社会发展的用电需求。碳中和目标驱动下，无论是集中式新能源规模化、集约化开发和大范围优化配置，还是分布式新能源便捷接入和就近消纳，都需要有效发挥电网能源资源配置的枢纽平台作用，以支撑和服务能源供给清洁化进程。从供能端来看，在碳中和目标驱动下，全面推进电气化和节能提效、加强能效管理、加快电能替代、挖掘需求侧响应潜力将成为核心路径选择，逐步推进以电为中心、"风-光-水-火"多能融合互补、"冷-热-煤-油-气-电"多元聚合互动，提高整体能效，支持"以电代煤""以电代油"，加快工业、建筑、交通等重点行业电能替代。

第2章　技术创新驱动我国减排的效应分解

为了系统分析科技创新对中国碳排放的直接驱动效应，评估行业结构差异对碳排放量的影响程度，为碳中和目标下经济结构转型提供理论依据，探究影响行业碳排放的其他因素（如能源、要素、生产等）的作用程度，为行业碳中和路径提供参考，本章以工业为研究对象，从行业结构和技术创新视角对中国碳排放驱动因素进行分解分析，探究能源消费、技术创新、要素特征、工业生产等因素对工业碳排放量的不同影响。

2.1　中国工业碳排放的驱动因素特色

2.1.1　产业结构是驱动工业碳排放差异的主要因素

长期以来，工业是中国经济增长的主要驱动力，同时也是能源消耗和碳排放的主要行业，其中 CO_2 排放占比最高的电力行业与经济增长基本处于负脱钩或弱脱钩状态(Xie et al.，2020)。观察 2019 年中国各省级行政区域(此处未包含西藏自治区、香港特别行政区、澳门特别行政区、台湾地区数据)可以发现，总体上工业产值和碳排放总量存在相关关系，如图 2-1 所示，更高的工业产值往往伴随着更高的碳排放总量。

在区域视角下，工业发展水平与碳排放量之间的关系各异。一部分区域工业发展水平和排放量均较低，如海南省工业增加值 588.71 亿元，CO_2 排放总量 43.07 兆吨，青海省工业增加值 817.49 亿元，CO_2 排放总量 51.75 兆吨；另一部分区域在拥有高水平工业产业的同时，实现了较低的 CO_2 排放总量，如北京市工业增加值 4241.1 亿元，CO_2 排放总量 88.16 兆吨，上海市工业增加值 9670.68 亿元，CO_2 排放总量 192.91 兆吨，这些区域中来自工业的碳排放占比更低，工业排放差距释放了更多的减排空间，特别是煤炭、水泥、化工等"两高"行业占比低，2019 年北京市采矿业产值仅占工业产值的 1.41%；还有一部分区域工业产值高，CO_2 排放总量较高，如山东省、河北省、内蒙古自治区等，对于这些区域来说，工业既是经济发展驱动力又是碳排放大户的矛盾更加突出，产业结构转型更加困难，其减排路径面临更多约束和挑战。

根据 Wang 等(2019)对 135 篇关于中国工业排放驱动因素论文的荟萃分析，多数学者认为工业行业结构是驱动 CO_2 排放量差异的重要因素；Wang 等(2020)

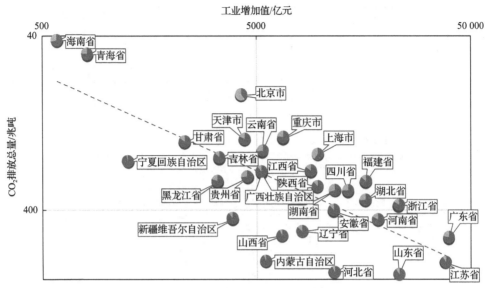

图 2-1 区域 CO_2 排放总量与工业增加值的关系
资料来源：《中国统计年鉴》，中国碳核算数据库
图中浅灰色扇形面积表示该省区市工业 CO_2 占总 CO_2 排放量比例

使用基于投入产出表的碳强度弹性计算模型评估认为，电力、热力生产和供应业，金属冶炼加工业，非金属矿物制品业等 7 个行业的增长拉动了全国碳排放强度；Tian 等(2019)对中国西南经济区进行研究，结果得出，建筑业、机械制造业和资源型制造业是 CO_2 排放的主导行业，制造业对各省的影响不同，表明了该部门在各省之间处于不同的发展阶段。

以山东省和浙江省为例，2019 年山东省工业增加值 22 984.13 亿元，工业 CO_2 排放量 842.53 兆吨，浙江省工业增加值 22 840.53 亿元，工业 CO_2 排放量 316.98 兆吨，不足山东省的一半。如图 2-2 所示，对比两省工业行业结构，山东省工业在这些行业拥有更大的产业规模，包括煤炭开采和洗选业，石油和天然气开采业，农副食品加工业，造纸和纸制品业，石油、煤炭及其他燃料加工业，化学原料和化学制品制造业，黑色金属冶炼和压延加工业，有色金属冶炼和压延加工业，电力、热力生产和供应业等，它们集中在原料供应、加工等供应链上游，具有明显的高能耗、高排放特征；浙江省在纺织业，化学纤维制造业，通用设备制造业，交通设备制造业，电气机械和器材制造业，计算机、通信和其他电子设备制造业等行业中更具规模，工业行业结构侧重于附加值更高的下游制造业。

结合对山东省和浙江省的数据观察可以认为，山东省与浙江省 CO_2 排放量的差异来自工业行业结构，特别对于电力、热力生产和供应业，即两省规模差异最

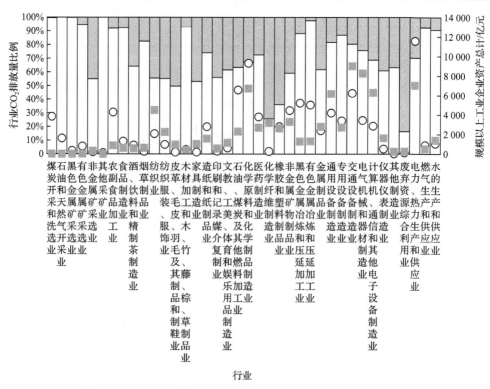

图 2-2　2019 年山东省与浙江省工业 CO_2 排放与行业结构

资料来源：《山东统计年鉴》、《浙江统计年鉴》、中国碳核算数据库

大的工业行业，也是排放量最大的行业，山东省该行业 CO_2 排放量 564.44 兆吨，占山东省总排放量的 66.99%，浙江省该行业 CO_2 排放量 238.01 兆吨，占浙江省总排放量的 75.09%。

同时应该注意，CO_2 排放量差异可能还源于行业内部的因素，依据在于一部分工业行业在浙江省的规模更大而 CO_2 排放量更小，如对于通用设备制造业，山东省的规模以上工业企业总资产为 4203.08 亿元，行业 CO_2 排放量为 4.55 兆吨，浙江省的规模以上工业企业总资产为 6172.42 亿元，行业 CO_2 排放量为 1.02 兆吨，二者存在显著差异。

2.1.2　技术创新等行业内部差异同样严重影响碳排放强度

技术创新被视为重要的减排因素，是世界范围内应对气候变化的关键路径（Su et al., 2020）。根据两省第四次经济普查数据，从投入和产出的视角观测两省工业创新情况如图 2-3 所示，将规模以上工业企业 R&D（research and development，研

究与开发)经费和规模以上工业企业 R&D 人员数视为创新投入,分别作为横、纵
坐标;将有效发明专利数视为创新产出,代表图中圆形面积。总体上看,两省的
R&D 经费与人员投入规模一致,并且创新投入更高的行业产出了更多的科技成
果。山东省与浙江省的工业创新投入产出总量与工业碳排放的情况并不一致,
2018 年山东省规模以上工业企业 R&D 经费 1501.12 亿元,较浙江省(1208.08 亿元)
高 24.26%,规模以上工业企业 R&D 人员数 388 403 人,较浙江省(290 293 人)高
33.80%,有效发明专利 63 496 项,较浙江省(62 341 项)高 1.85%。同工业规模接
近的浙江省相比,山东省在创新投入上拥有显著优势,在创新产出上优势不显著,
在工业碳排放上却高出了 165.80%,这表明工业行业创新与碳排放存在更复杂的关
系,广泛的创新或许并没有发挥预期中的减排效应。

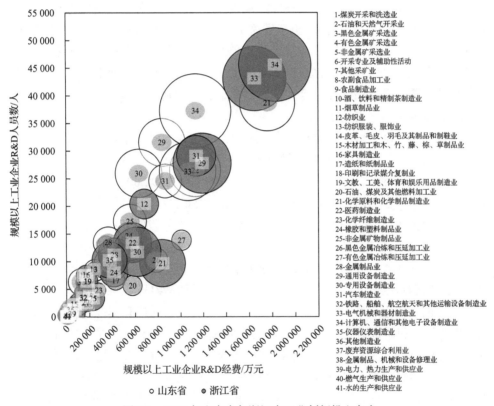

图 2-3　2018 年山东省与浙江省工业创新投入产出
资料来源:《山东经济普查年鉴》、《浙江经济普查年鉴》

　　本章对能源品类的选取基于中国碳核算数据库发布的共计 17 个能源品
类,对工业行业的选取基于《国民经济行业分类》(GB/T 4754—2017)中“B 采
矿业”“C 制造业”“D 电力、热力、燃气及水生产和供应”门类,鉴于数据可得

性本书对细分行业进行调整：①未计入"B11 开采专业及辅助性活动"；②未计入"B12 其他采矿业"；③合并"C36 汽车制造业""C37 铁路、船舶、航空航天和其他运输设备制造业"，记为"交通设备制造业"；④未计入"C42 废弃资源综合利用业"；⑤未计入"C43 金属制品、机械和设备修理业"。共计 36 个中类行业。研究共选取 30 个省级行政区域，鉴于数据可得性未计入西藏自治区、香港特别行政区、澳门特别行政区、台湾地区的数据

行业创新密集程度与碳排放行业结构严重不对称。创新投入和产出均较高的产业包括：计算机、通信和其他电子设备制造业，电气机械和器材制造业，化学原料和化学制品制造业，通用设备制造业，医药制造业，汽车制造业，专用设备制造业等，与国家统计局依据 R&D 投入强度划分的《高技术产业(制造业)分类(2017)》高度重合。高技术行业(产业)吸收和产生了大部分的创新投入产出，但它们并非主要的 CO_2 排放行业，山东省这 7 个创新密集程度较高的行业加上铁路、船舶、航空航天和其他运输设备制造业共产生了 17.57 兆吨的 CO_2 排放量，仅占 2.09%，浙江省这些行业共排放 5.75 兆吨 CO_2，仅占 1.81%，而电力、热力生产和供应业，黑色金属冶炼和压延加工业，非金属矿物制品业等占比最大的排放行业在创新投入产出上占比很小。

考虑技术的溢出效应，创新分布广度可能对行业碳排放差异产生影响。以金属制品业为例，山东省 2019 年规模以上工业企业资产总计 2394.23 亿元，CO_2 排放量 1.13 兆吨，浙江省规模以上工业企业资产总计 2792.60 亿元，CO_2 排放量 0.69 兆吨，两省在创新投入方面的单项差距在 20% 以内且方向相反。对比两省规模以上工业企业数，山东省共 2168 家，共享 1965 项有效发明专利，浙江省共 2787 家，共享 2316 项有效发明专利。同行业创新成果区域内转移转化概率更高，示范效应更强，浙江省金属制品业的创新成果由更多的企业主体共享，技术溢出效应被放大，在创新数量基本作用上推动了更大的碳排放量差异。

提高创新转化效率未必有助于减排。观察计算机、通信和其他电子设备制造业，电气机械和器材制造业，山东省凭借更低的 R&D 经费和人员投入产出了与浙江省接近的有效发明专利数，但浙江省行业规模更大，CO_2 排放更少。对于技术创新而言，通过数量很难评价其能力与价值，对转化成果数的追求未必得到更佳的创新成果，并且创新转化的方向与减排相关性不确定，缺乏导向性的创新转化很难有效发挥减排效应。

研究行业结构因素和行业内部因素分别对 CO_2 排放造成了多大影响，不同的行业内部因素具体如何产生作用，创新是否发挥了期望中的减排驱动效应等问题，是掌握中国碳排放构成，合理规划行业减排路径的重要依据。

2.2　技术创新等因素对碳排放的驱动效应

2.2.1　从累积效应来看：创新分布广度因素驱动减排，创新因素总体不显著

对中国 30 个省级区域工业 33 个细分行业及其终端消费 17 种化石能源的 CO_2 排放建立 LMDI 分解模型。在参考过往研究的基础上将中国工业 CO_2 排放分解为 11 个因素，根据因素来源和特点分为以下四类。

(1) 能源消费因素。基于经典扩展的 Kaya 恒等式，表征能源的终端消费影响，包括能源排放强度、能源品类结构、能源区域结构、能源集聚程度。

(2) 技术创新因素。将创新因素进一步分解，表征行业技术创新影响，包括创新分布广度、创新转化效率、创新研发投入。

(3) 要素特征因素。基于对碳绩效评价体系等研究 (张悦等，2022)，考虑行业要素分布的影响，包括创新密集程度、劳动密集程度。

(4) 工业生产因素。基于工业 CO_2 排放的特点，表征工业整体性变化影响，包括生产行业结构、工业生产增长。

基于 LMDI 分解模型分析了 11 项因素对中国工业 CO_2 排放的贡献，计算得到 2012～2019 年中国工业碳排放驱动因素累积效应，如图 2-4 所示。

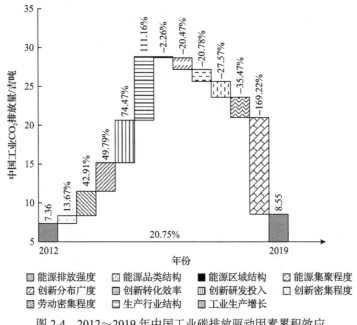

图 2-4　2012～2019 年中国工业碳排放驱动因素累积效应

能源消费是工业碳排放的直接驱动因素。能源品类结构的优化提供了–27.57%

的减排贡献，通过"煤改气""煤改电"等措施对工业能源品类结构进行调整优化后，2018年工业天然气消费量同2011年相比增长了130.97%，电力消费增长了41.52%，有效改善了中国空气质量和碳排放总量。能源集聚程度的提高具有－20.78%的减排效应，当能源消耗向更少的工业企业主体集中时，集约化用能在效率、边际减排成本上具有显著优势，证明推动旧动能、污染重、规模小的低端产能向新动能、污染轻、规模大的高端产能转换是有效的减排路径。能源区域结构的优化有利于减排，2011年12月，《国务院关于印发"十二五"控制温室气体排放工作方案的通知》，强调了"地方各级人民政府对本行政区域内控制温室气体排放工作负总责"，明确了能耗和排放强度指标。各区域通过淘汰落后产能等手段严格控制地方能源消耗指标，能源区域结构产生了–2.26%的减排效应。能源排放强度给工业碳排放增长直接带来49.79%的驱动效应。生产和能源消费结构的调整对中国工业减排发挥了显著作用，应坚持工业生产和能源消费结构优化，提高能源集约化和电气化水平，实现全工业领域的能源高效利用。

创新的各个要素对工业碳排放起不同方向的驱动作用，总体来看并未达到显著减排驱动作用。其中创新分布广度是最重要的减排驱动因素，表征了创新成果相对于企业数量的分布情况，行业中越多的企业主体共享专利，越多的驱动该行业的排放降低，技术溢出效应对工业减排的影响越显著。然而，创新研发投入和创新转化效率反而成为碳排放增长的主要因素。其关键原因可能在于，工业企业中真正用于减排的研发投入与成果产出相对较少。这体现在，根据世界产权组织确定的绿色低碳技术领域的专利IPC号筛选出绿色低碳技术专利，其数量占专利授权总数的比例始终未超过1%，如图2-5所示。这表明大量研发投入可能并未有效导向关键的减排技术开发，减排相关的研发投入与成果产出甚至可能随着总投入的提高而出现边际递减效应。

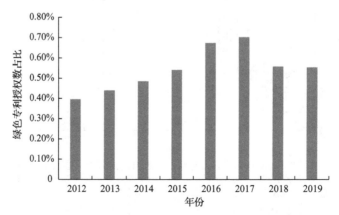

图2-5　2012～2019年中国绿色低碳技术专利授权数占比
资料来源：《中国统计年鉴》，智慧芽和大为专利数据库

生产要素特征揭示了中国工业发展与碳排放的关联规律。劳动密集程度产生了–35.47%的减排驱动效应，行业劳动越密集，其生产模式的机械化、自动化程度往往越低，由能源消费导致的 CO_2 排放越少，但提高劳动密集程度并不能成为可行的减排路径。这反映出工业行业在推进机械化、自动化转型过程中，需要承担更大的碳排放代价。创新密集程度对碳排放增长有正向驱动作用，潜在原因可能与劳动密集程度相反，即人力资源视角下越多的创新密集程度意味着越少的生产劳动密集。

工业行业的整体生产发展对碳排放起到重要影响。基于 LMDI 研究发现，42.91%的工业碳排放增长可归因为工业生产增长，虽然生产扩张是碳排放增长的主要驱动力，但碳排放的增速已显著低于产值增速，呈现出脱钩趋势。具体表现为：在工业产值年均增长 7.40%的同时，工业碳排放年均增长仅为 2.96%。这一显著的增速差异表明，单位工业产值的碳排放强度正在下降，中国工业生产碳排放脱钩程度在提高（马晓君等，2019）；同时，生产行业结构调整则贡献了–20.47%的减排效应，凸显了我国工业产业升级转型具有强大的减排潜力。

2.2.2　从动态变化来看：创新投入促进了减排，其他指标的提升未有效传导

从时间维度来看，驱动因素的效应存在动态变化，如图 2-6 所示，其中能源消费因素反映了政策规制对工业 CO_2 排放的显著影响，特别是能源品类结构优化在 2018～2019 年驱动作用剧烈变化为–21.16%，成为最大的减排因素，2017 年末《国家发展改革委关于开展重点用能单位"百千万"行动有关事项的通知》印发，明确了以用能单位为主体的能耗总量和强度"双控"目标责任评价考核机制，推动了对用能水平和结构的管理，基于生产用能现实调整能源品类结构是短期内十分有效的减排手段，印证了节能政策对中国工业部门绿色转型发展的显著促进作用（马晓君等，2019）。

技术创新因素驱动效应的变化反映了中国工业创新情况得到了一定的发展，创新投入促进了减排，但创新过程中关键指标的提升可能并未有效传导至工业 CO_2 排放。创新研发投入自 2018 年开始逐渐成为减排驱动因素，说明了绿色低碳技术相关研发投资占比可能在提高。2018 年国家发展和改革委员会公告了《国家重点节能低碳技术推广目录（2017 年本，节能部分）》，内容涉及煤炭、电力、钢铁等 13 个行业，共 260 项重点节能技术，对技术适用范围，技术内容，典型项目建设和减排规模，之后 5 年节能减排潜力等做了详细说明。准确的技术目录和规划为绿色低碳技术创新增加了更多确定性，有助于提高研发投入意愿和回报，对相关科技充分调研、梳理和发布是促进绿色低碳技术创新的有效手段。

2013～2014 年以及 2015～2016 年创新转化效率对工业碳排放增长的驱动作用显著增强，原因在于 2014 年和 2016 年科技成果的爆发增长（图 2-7）。2013 年，

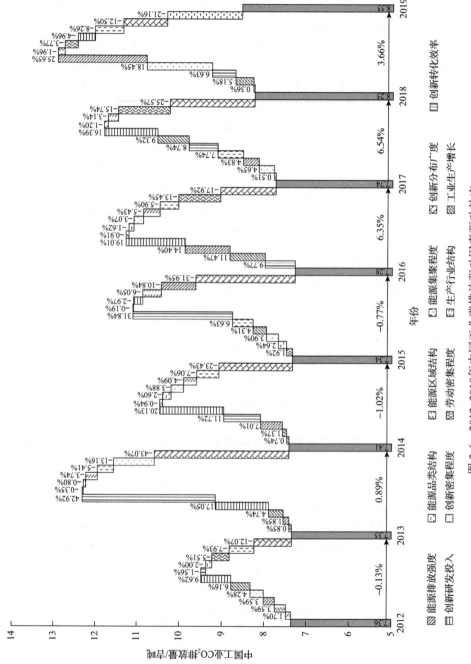

图 2-6　2012~2019年中国工业碳排放驱动因素驱动效应

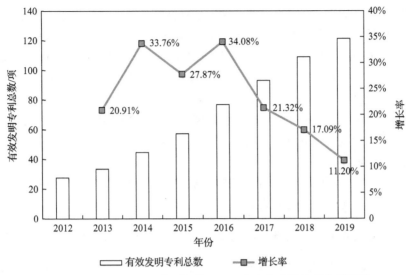

图 2-7　2012~2019 年中国规模以上工业企业有效发明专利情况

《国务院办公厅关于强化企业技术创新主体地位全面提升企业创新能力的意见》印发，要求"企业主导的产学研合作深入发展，建设一批产业技术创新战略联盟和产业共性技术研发基地，突破一批核心、关键和共性技术，形成一批技术标准，转化一批重大科技成果"。2015 年，《中华人民共和国促进科技成果转化法》修订。2016 年，国务院办公厅印发《促进科技成果转移转化行动方案》，提出了国家技术转移机构、科技成果转移转化示范区、技术转移人才、技术合同交易额等方面的具体目标。相关政策和考核的集中是科技成果数量陡然提高的原因，创新转化效率"运动式"的提高并不代表实质性的技术进步，也未能对减排起到推动作用，这凸显出唯有聚焦减排关键技术领域，瞄准切实落地需求和攻坚难点开展科技攻关与成果转化，针对切实存在落地需求和困难的并且与减排更相关的技术方向，开展科技推动转化工作，才能真正有助于提升科技创新对减排的支撑驱动作用。

针对科技创新未能有效发挥减排效应的现状，要引导科技创新向绿色低碳技术倾斜，提升研发投入和转化环节对减排的驱动效应，将政策工具与多种手段相结合，保障绿色科技创新转化应用的有效路径，加强科技创新方向引导和落地保障。

要素特征因素的驱动效应变化反映了中国工业要素配置情况变化和潜在问题。劳动密集程度因素对中国工业 CO_2 排放 2016 年前大多数为正向驱动效应，自 2016 年后表现出显著的减排效应，这反映了劳动要素在工业生产中的结构变化。这与袁伟彦等(2022)的结论一致，该研究发现中国工业劳动投入和资本投入的生产弹性具有相反的时变特性，因此 2016 年以来的产业结构调整凸显了高耗能行业的资本密集特征，使就业更多地流入低耗能行业。2012 年以来工业企业 R&D 人员全时当量持续增加，但创新密集程度因素在时间上驱动效应波动较大，未表现出显著稳定的减排效应，其原因可能是创新要素投入技术促进的传导机制存在阻滞（梁会君，2022），其原因可能源于创新要素的错配等（Yang et al.，2020）。

工业生产因素驱动效应整体平稳，工业整体增长始终对排放起正向驱动作用，且其驱动效应波动幅度相对较小。特别是在 2016～2017 年以及 2017～2018 年两个排放增长较快的时间段中，工业生产总值因素的正向驱动效应尤为显著，这进一步验证了现阶段中国工业的整体增长仍然是驱动工业 CO_2 排放总量增加的稳定且持续因素。与此同时，生产行业结构因素驱动效应虽然也存在动态变化，但整体变化不显著，在大部分时间内发挥减排作用。

2.2.3　从行业差异来看：钢铁等行业技术溢出效应较强，适宜推广共性技术

中国工业碳排放驱动因素存在行业异质性，图 2-8 统计了各因素对工业各细分行业的驱动效应，图示颜色深浅代表该因素在各行业中的驱动作用的强弱差异。从行业视角来看，电力、热力生产和供应业是对工业碳排放乃至全国碳排放影响最大的行业，它是碳排放增长最多的工业行业，各因素驱动效应均较高。观察各行业碳排放分布情况，以电力、热力生产和供应业，燃气生产和供应业等为代表的少数能源行业碳排放增长量呈扩大趋势，反映了工业行业碳排放由其他行业向电力、热力生产和供应业转移的过程，是工业电气化的良好结果。在电力、热力生产和供应业中，创新密集程度因素的驱动效应与全工业行业的总体效应方向相反，存在显著的减排效应，该行业由创新要素到技术促进的传导更加畅通，技术研发的投入可以直接驱动行业减排。因此要关注重点行业科技创新共研和共享，充分利用行业绿色低碳技术溢出效应，搭建共性研发平台，鼓励行业绿色低碳技术共研共享。

能源消费因素驱动效应行业由于自身发展特点而差异较大。能源排放强度因素对电力行业排放起正向驱动作用，对石油、化工和钢铁等"两高"重点行业表现出负向驱动作用，说明燃料直接碳排放强度的变化对以重点行业为代表的需求侧减排影响不大，这些行业的减排依赖于电气化等其他原因而不是直接能耗排放效率的提升，未来通过技术改造等降低直接能耗排放强度的减排空间十分有限；能源品类结构的调整对绝大多数行业都发挥了减排驱动效应，特别是电力行业进一步调整了化石能源结构，化石能源与非化石能源比例是影响工业碳排放格局的关键手段，但对于燃气生产和供应业来说，该行业在能源品类结构没有调整空间，所以表现出了正向驱动效应；能源区域结构因素对于大部分行业起减排效应，表现为正向影响的行业包括石油和天然气开采业，黑色金属矿采选业，文教、工美、体育和娱乐用品制造业，石油、煤炭及其他燃料加工业，化学原料和化学制品制造业，橡胶和塑料制品业，黑色金属冶炼和压延加工业，有色金属冶炼和压延加

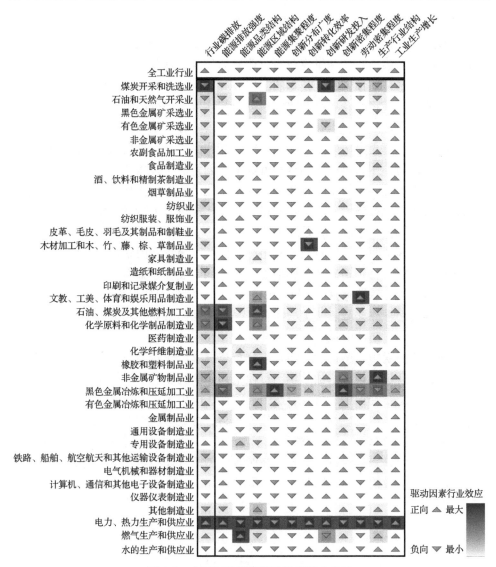

图 2-8　中国工业因素驱动效应行业差异

工业等，呈现出以重工业为主、以资源依赖型行业为主的特点，这些行业不宜在区域层面上进行调整，因此相关行业聚集的区域应该在统筹布局下明确发展定位，区域减排路径更多应该从技术升级和产能优化等方面入手；能源集聚程度的提高对大部分行业起到减排驱动效应，表明规模化的产业整合具有显著减排效果，但黑色金属冶炼和压延加工业表现出相反的结果，其原因可能在于钢铁行业对产能整合起步较早，其集中度与产能利用率之间存在倒"U"形关系(杨立勋和向燕妮，2020)，对于研究时间窗位内钢铁行业来说集中度的提高很难再促进减排。

　　不同行业中技术创新因素驱动效应基本一致,减排效应较弱的情况普遍存在。创新分布广度的提高对所有行业均产生了减排效应,特别是黑色金属冶炼和压延加工业,电力、热力生产和供应业等行业更为显著,这些工业行业生产范围比较集中,行业技术共通性较强,技术的溢出效应也较强,通过共性研发、创新联合体等科技创新模式将收获更高的收益;创新转化效率的提高对大部分行业的碳排放产生了正向驱动效应,木材加工和木、竹、藤、棕、草制品业除外;除了煤炭开采和洗选业、有色金属矿采选业、燃气生产和供应业,创新研发投入的提高均对碳排放起正向作用,可以推测这些行业中的创新研发投入与节能降碳领域相关性更高,发挥了更强的技术减排效应,其余行业的研发投入绿色低碳技术占比更低,面向行业提出创新研发和转化的指导意见,通过专项研发计划等方式引导行业创新向绿色低碳技术倾斜,是改善这一局面的潜在路径。

　　要素特征因素驱动效应行业差异很小。创新密集程度因素在大部分行业中呈现正向驱动效应,特别是黑色金属冶炼和压延加工业、非金属矿物制品业等,仅在电力、热力生产和供应业,文教、工美、体育和娱乐用品制造业中为减排效应;劳动密集程度因素除文教、工美、体育和娱乐用品制造业外均呈现减排效应,说明该行业劳动密集属性更强。

　　工业生产因素中生产行业结构效应分布与国家产业转型战略方向一致,各行业产值增长均会带来排放增加。生产行业结构因素的驱动效应行业差异较大,总体上看,采矿、石油加工、烟草、造纸、钢铁、电力等资源型和高耗能行业呈负向作用,其余以非金属矿物制品业为代表的制造行业呈正向作用,这与我国产业结构升级转型路径基本一致,调整发展下游产业将获得更高的价值和更低的排放;工业生产增长因素未呈现行业差异,在所有的工业行业中表现为正向驱动效应,没有发现呈现强脱钩的工业行业。

第二篇

碳中和目标下绿色科技发展态势

第3章 绿色低碳科学研究发展态势

科学发展在人类实现碳中和的过程中发挥着重要的牵引和支撑作用。在碳中和目标下，涉及能源、环境、经济、社会等多个领域的绿色低碳科学研究得到了快速发展，为积极应对全球气候变化提供了有力支持。同时，以碳中和为目标的能源消费转型也推动着不同学科之间的交叉融合，产生了许多创新性研究成果，为碳中和的实现提供了新的思路和技术手段，助力国家制定更为科学的碳中和战略和政策措施。

3.1 碳排放与经济增长关系密切，驱动机理复杂

3.1.1 从哥本哈根会议到《巴黎协定》驱动碳排放与经济增长研究快速增长

在碳排放与经济增长等领域，2000～2019年全球共发表论文1845篇，碳排放与经济增长相关论文发表趋势如图3-1所示。其中，出版物数量排前五位的国家为中国(1037篇)、土耳其(191篇)、美国(166篇)、巴基斯坦(154篇)和马来西亚(132篇)。尽管中国在该领域发表了大量论文，达到全球发表论文总数的56.206%，但论文平均被引数仅为24.65次，揭示大部分论文的研究质量有待提升，中国研究没有得到学术界足够的重视和关注。研究论文数据表明，全球能源消费、经济增长与碳排放关系的研究论文数量稳步增长，呈现出2000～2009年为缓慢发展期、2010～2019年为快速发展期的阶段特征。2010年之前全球发表论文数量不到20篇，2006年之前甚至还不到5篇，2010年全球发表论文数量增至30篇，标志着该领域2010年开始进入快速发展期。研究热度驱动的关键时间和重要事件分别是2009年和当年召开的哥本哈根会议，虽然该次会议只达成了不具法律约束力的《哥本哈根协议》，但这是国际社会共同应对气候变化的结果，更重要的是各国从此开始重视与碳排放有关的治理问题，表明碳排放与经济增长是多学科交叉的研究领域，尤其是在2015年《巴黎协定》签署后，该领域的论文数量增长更快，全球每年发表论文100多篇。2000～2019年碳排放与经济增长相关论文主题分布如表3-1所示。

碳排放与经济增长研究领域的论文已在228种期刊上发表。综合考虑论文影响因子、总引用量、期刊论文平均引用量等因素，其中*Renewable and Sustainable Energy Reviews*(《可再生和可持续能源评论》)、*Energy Policy*(《能源政策》)、*Energy*(《能源》)、*Energy Economics*(《能源经济》)等期刊是最值得该领域学者

关注的期刊(表3-2)。

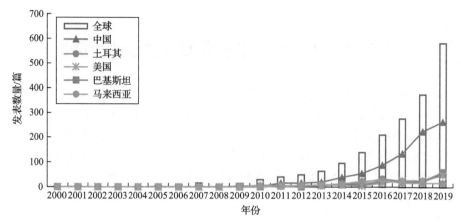

图 3-1　碳排放与经济增长相关论文发表趋势

表 3-1　2000~2019 年碳排放与经济增长相关论文主题分布

领域	论文数量/篇	分布
环境科学	943	51.11%
能源燃料	594	32.20%
绿色可持续技术	594	32.20%
环境研究	338	18.32%
经济学	303	16.42%

表 3-2　发表碳排放与经济增长相关论文数排名前十位的期刊

序号	期刊	论文数量/篇	占比	总引用量/次	期刊论文平均引用量/次	影响因子(2018年)	国家
1	*Environmental Science and Pollution Research*	224	12.141%	2 651	11.83	2.914	德国
2	*Journal of Cleaner Production*	213	11.545%	5 166	24.25	6.395	英国
3	*Renewable and Sustainable Energy Reviews*	165	8.943%	9 762	59.16	10.556	英国
4	*Sustainability*	117	6.341%	663	5.67	2.592	瑞士
5	*Energy Policy*	109	5.908%	10 347	94.93	4.880	英国
6	*Energy*	82	4.444%	4 611	56.23	5.537	英国
7	*Applied Energy*	67	3.631%	4 070	60.75	8.426	英国
8	*Energy Economics*	66	3.577%	4 132	62.61	4.151	荷兰
9	*Science of the Total Environment*	48	2.602%	1 267	26.40	5.589	荷兰
10	*Energies*	41	2.222%	247	6.02	2.707	瑞士

目前，全球共有 1397 个研究机构发表了该领域的学术成果。按发表论文数排序，排名前 10 位的机构中有 8 个来自中国，另外 2 个来自土耳其和巴基斯坦，表明中国的研究机构在该领域的发文量超过其他国家的研究机构，特别北京理工大学在碳排放与经济增长主题的论文数量（110 篇）排名第一，中国科学院以 109 篇排名第二。

3.1.2　中国是碳排放与经济增长研究合作网络的核心节点

国家在碳排放与经济增长关系研究领域的合作情况是通过国家研究合作网络刻画，其中节点的大小与国家的出版物数量成正比，节点之间的联系代表了国家的合作关系；连接线的粗细代表国家间合作的强度；节点之间连接线的颜色对应于协作首次出现的时间，颜色越浅，合作出现得越晚。中介中心性是衡量节点在网络中重要性的指标，具有高中介中心性的节点在网络中扮演着重要的"通信桥梁"角色。网络中用深色圆圈标出的节点表示它们具有高度的中介中心性（中介中心性≥0.1）。

碳排放与经济增长相关论文国家合作网络如图 3-2 所示，一共有 41 个节点和 99 个连接线。依据在碳排放与经济增长之间关系的研究领域的相对贡献（5 篇以上），确定了 26 个国家，其中发表论文数量排名前 10 位的国家分别是中国（1037 篇）、土耳其（191 篇）、美国（166 篇）、巴基斯坦（154 篇）、马来西亚（132 篇）、澳大利亚（89 篇）、英国（76 篇）、法国（62 篇）、突尼斯（54 篇）、沙特阿拉伯（51 篇）。由图 3-2 可知中国代表最大的节点，说明中国是该领域国家合作网络的最大贡献者，主要合作伙伴是美国、英国、日本、澳大利亚、巴基斯坦和沙特阿拉伯。国家合作网络中介中心性高的核心节点包括日本（0.50）、马来西亚

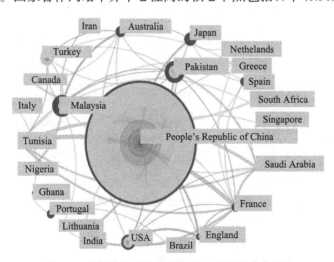

图 3-2　碳排放与经济增长相关论文国家合作网络

（0.48）、西班牙（0.37）、澳大利亚（0.36）、法国（0.33）、巴基斯坦（0.29）、葡萄牙（0.24）、英国（0.18）、中国（0.12）、美国（0.12）。土耳其的主要合作伙伴是澳大利亚、巴基斯坦、马来西亚、沙特阿拉伯和突尼斯。美国的主要合作伙伴是中国、澳大利亚、英国、法国、立陶宛、沙特阿拉伯。巴基斯坦的主要合作伙伴是中国、法国、西班牙、澳大利亚、印度、马来西亚、土耳其、突尼斯和沙特阿拉伯。马来西亚的主要合作伙伴是法国、立陶宛、澳大利亚、巴基斯坦、土耳其、伊朗、沙特阿拉伯、南非、尼日利亚。以上揭示出巴基斯坦、马来西亚、土耳其和沙特阿拉伯有着密切的合作关系。

3.1.3　碳排放与经济增长研究共现网络的主题、方法和关联指标

关键词是关键研究内容的明确标志，共现分析用于分析同一文档的一对词出现的次数，以及衡量不同出版物之间的关系。关键词共现网络分析的原理是从标题、原始关键词、新出现的科学信息研究所（Institute for Scientific Information, ISI）关键词或摘要中提取反映研究主题的关系网络的方法，使用 CiteSpace 对被引频次最高的关键词进行检测和分析（图 3-3）。关键词共现网络复杂，节点关系密切，节点的大小代表关键词在 1845 篇论文中出现的频率。其中，出现频率排前 10 位的关键词是"carbon emission"（碳排放，1544 次）、"economic growth"（经济增长，1211 次）、"energy consumption"（能源消耗，1103 次）、"environmental Kuznets curve"（环境库兹涅茨曲线，520 次）、"China"（中国，432 次）、"cointegration"（协整，313 次）、"financial development"（金融发展，288 次）、"unit root test"（单位根检验，274 次）、"urbanization"（城市化，256 次）、"impact"（影响，252 次）。发现

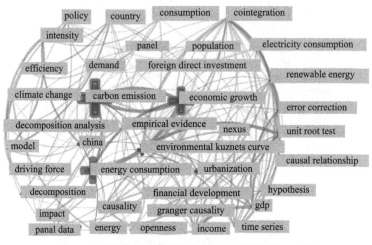

图 3-3　碳排放与经济增长相关论文关键词共现网络

图中关键词未进行字母大小写区分

与主题研究相吻合的"carbon emission"（碳排放）、"economic growth"（经济增长）、"energy consumption"是最常见的关键词，关键词通过可视化方法可以清晰地表达碳排放与经济增长之间的关系。研究的主要方法是格兰杰因果关系检验，还包括环境库兹涅茨曲线、积分、单位根检验、时间序列、面板数据分解分析等。从图 3-3 可以发现一部分关键词是与该主题相关的指标，如"efficiency"（能效）、"intensity"（能源强度）、"renewable energy"（可再生能源）、"foreign direct investment"（外商直接投资）、"financial development"（金融发展）、"urbanization"（城市化）等。

3.1.4　碳排放与经济增长研究共引网络中的中国城市备受关注

共引分析是一种分析工具，通常用于检查大量文档并揭示科学学科的知识图谱，这种分析检查了相关文献的常见引用频率。通过对碳排放与经济增长关系研究领域的文献共引网络进行生成分析，得到该领域的科学知识结构（图 3-4），其中共引网络中有 239 个节点和 1912 条边，该领域论文在 2000～2019 经历了爆发式增长。2000～2019 年，在碳排放与经济增长研究领域已发表学术成果 1845 篇，被引用最多的是 Ozturk 于 2010 年发表在 *Energy Policy* 的论文，共被引用 610 次，

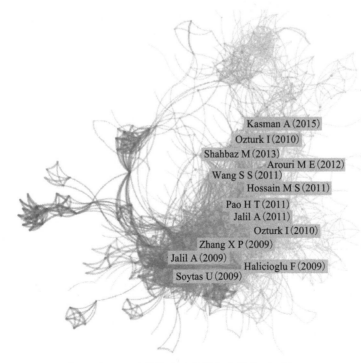

图 3-4　碳排放和经济增长文献共引网络

其次是张兴平在 2009 年发表在 *Ecological Economics* 的论文(583 次)和 Halicioglu 在 2009 年发表的关于能源政策的论文(579 次)。在被引用次数最多的 10 篇论文中，每年平均引用次数最多的是由 Nejat Payam、Jomehzadeh Fatemeh 等 2015 年发表在 *Renewable & Sustainable Energy Reviews* 上的论文，每年被引用 76.67 次。

　　通过对文献共被引网络进行聚类分析，明显可以看到图 3-5 中的网络有 6 个集群，分别是 "empirical note"(实证)、"financial development"(金融发展)、"cointegration analysis"(协整)、"Chinese cities"(中国城市)、"data-based cointegration analysis"(基于数据的协整分析)、"growth nexus"(增长纽带)。最早的聚类是"实证"，"协整"是最大的聚类，自 2007 年以来不断出现，说明协整分析方法是研究前沿。"中国城市"是 2005～2014 年的主要集群，说明这一时期中国城市的碳排放与经济增长之间的关系成为关注的领域。

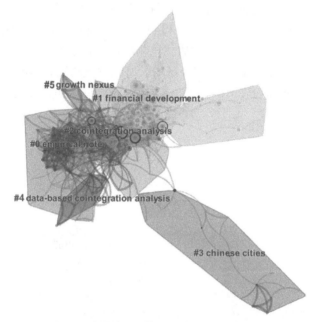

图 3-5　碳排放和经济增长共引文献聚类分析
图中关键词未进行字母大小写区分

3.2　碳中和目标下环境规制研究日益凸显快速增长

3.2.1　学术论文分布：美国独占鳌头

　　环境规制方面的学术出版物数量从 2000 年的 245 篇稳步增加到 2019 年的 874 篇(图 3-6)，观察发现自 2015 年第 21 届《联合国气候变化框架公约》(United

Nations Framework Convention on Climate Change，UNFCCC)缔约方大会召开以来，出版物数量激增。第 21 次缔约方大会(The twenty-first session of the Conference of the Parties，COP21)首次达成具有法律约束力的气候普遍协议，旨在将全球气温增幅控制在 2℃以下，各方的气候行为将"由国家决定"，反映环境规制研究的重要时间节点。

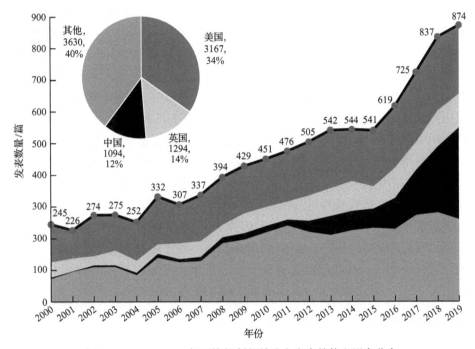

图 3-6 2000～2019 年环境规制相关论文发表趋势和国家分布

127 个国家 2000～2019 年共参与 9185 项环境规制研究。前 10 个国家论文发表量合计占论文总数的 97.10%，前 3 个国家合计占 60%，表明环境规制研究集中在少数国家。其中，第一名(美国)和第二名的差距为 20 个百分点，可见美国在该领域的贡献占主导地位。

贡献最多的学科是环境科学，共发表了 2771 篇论文，环境研究包含 2754 篇论文，经济学包含 2335 篇论文。其他学科包含 2526 篇论文，包括绿色与可持续科学与技术(686 篇)、生态学(676 篇)、工程和环境(598 篇)以及政治科学(566 篇)。第一集群由环境研究，经济学，商业、管理等组成，基本上研究人员将环境规制作为经济、商业和管理活动中的一个因素或场景进行研究。第二集群由环境科学，工程、环境，绿色与可持续科学与技术，生态学，发展研究，水资源，植物科学等组成，环境规制被视为生物和生态过程中的控制活动或环境问题中的政策主体。在政治学，公共管理，法学，社会学，区域与城市规划，公共、环境与职业健康，国际关系等第三集群中，以环境领域的法律或政策为主要研究对象，也有一些跨学科的著作。"调节"是生物学中的一个名词，意思是对基因表达的影响和控制，这也是在网络中看到与生物学相关学科的主要原因。此外，还有其他集群，包括能源与燃料、工程、化工、土木、交通科学与技术、交通等。

根据作者工作的机构信息，得到 2000～2019 年环境规制领域最具影响力的机构名单。美国的机构占据了前 10 位名单的一半，揭示美国在环境规制领域占据主导地位的事实。贡献最大的机构是加利福尼亚大学伯克利分校，有 119 篇相关论文。此外，加利福尼亚大学其他校区在环境规制研究领域也做出了相当大的贡献，其中加利福尼亚大学戴维斯分校发表论文 56 篇，加利福尼亚大学洛杉矶分校发表论文 34 篇。如果把加利福尼亚大学的所有分校视作一个机构，其学术优势会更加突出。这说明了美国不仅在研究领域的论文总数上具有优势，而且在多个高产研究机构中也占有优势。同时，虽然中国发表的论文数量较多，但进入前 10 位的只有中国科学院环境研究所。因此，中国的研究优势并不集中，论文数量占主导地位的原因在于研究所和研究人员的数量优势。同样，德国在出版物数量上排第 4 位，但没有一家研究机构进入该名单。

通过统计每位作者的发表信息，我们筛选出 10 位最高产的作者。最重要的贡献来自约翰霍普金斯大学的 Johannes Urpelainen，共发表 25 篇论文。他于 2013 年发表于 *American Journal of Political Science* 上的论文在 Web of Science 核心合集中被引用了 70 次，该论文讨论了路径依赖与政治竞争之间的关系。

3.2.2　合作网络分布：集群合作凸显

国家合作网络根据聚类算法，将网络中的节点分为三个集群，国际协作的情况如图 3-7 所示。集群 1 由德国、荷兰、法国、意大利等 20 个国家组成。在第一集群中突出的是这些国家之间广泛而平衡的合作关系，其中大多数是欧洲国家。另外两个集群与集群 1 不同，由更少的国家组成，合作关系更简单明了。集群 2 包括美国、中国、瑞典、韩国、巴西等。在这个群体中，美国和中国有着密切的合作关系，同时分别是第一和第三大国家贡献者。因此，二者在环境规制研究领域有最显著的合作关系。集群 3 的合作网络结构较为稀疏，仅由 8 个国家组成，其中主要合作关系为英国和澳大利亚。除了每个合作集群中的关键节点，还需要关注它们之间的联合节点，它们在互联中起着举足轻重的作用。瑞典是集群 1 和集群 2 的联合点，意味着瑞典的研究人员不仅与他们固有的合作伙伴合作，还与集群 2 的研究人员进行合作。瑞典等联合点促进了不同国际团体之间的合作。

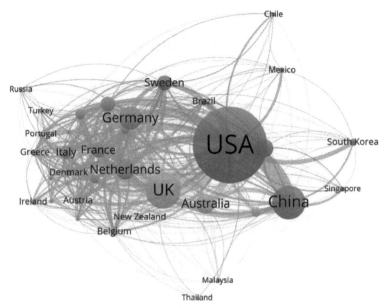

图 3-7　2000～2019 年环境规制研究国家合作网络

3.2.3　共现网络研究：环境库兹涅茨曲线重回视野

借助关键词数据探究主题分布，判断研究主题的未来。出现次数最多的关键词是"environmental policy"（环境政策），出现频率为 2396 次，甚至超过搜索词"environmental regulation"（环境规制）；第三个是"policy"（政策），即政策是完成环境控制的最关键的实施方式，同时受到管理者和学者的青睐，推测未来的研究将以政策为重点。同时，"management"（管理）和"governance"（治理）是环境监管的方法；"impact"（影响）、"pollution"（污染）、"emission"（排放）、"system"（系统）、"model"（模型）是主要研究对象和工具，研究热度预计将在很长一段时间内持续保持高位，关键词共现网络如图 3-8 所示。发现"environmental policy"（环境政策）的研究围绕着"governance"（治理）、"politics"（政治）、"climate change"（气候变化）、"ecosystem service"（生态系统服务）等，这些均为国家和社会治理角度的关键词。"environmental regulation"（环境规制）是另一个核心节点，与"management"（管理）、"performance"（绩效）、"market"（市场）、"efficiency"（效率）、"competition"（竞争）等相关研究一样，都是从公司管理的角度展开。关于"sustainability"（可持续性）、"conservation"（保护）、"biodiversity"（生物多样性）等的研究具有足够的相关性，属于环境科学和生物学范畴。并且根据网络中节点的环，可以识别出较晚出现的关键词，如"innovation"（创新）、"climate change"（气候变化），这些都是新兴学术热点。

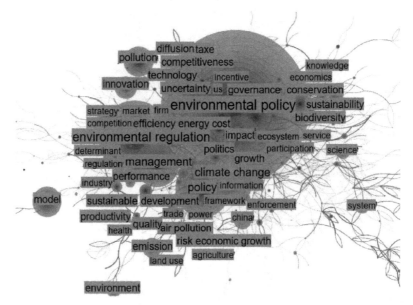

图 3-8　2000～2019 年环境规制研究关键词共现网络

图中关键词未进行字母大小写区分

　　为了确定未来环境规制研究的发展趋势，对关键词的突现强度进行测量。截取开始时间在 2013～2015 年的最新时段，关键词的爆发时间分布持续到 2019 年，表明它们是最具吸引力的话题，对它们的研究不断涌现，包括"CO_2 emissions"（二氧化碳排放）、"restoration"（恢复）、"climate change adaptation"（气候变化适应）、"eco-innovation"（生态创新）、"environmental Kuznets curve"（环境库兹涅茨曲线）、"directional distance function"（方向距离函数）、"legitimacy"（合法性）。2015 年开始的"气候变化"关注与 COP21 有关，未来很可能成为持续热点。库兹涅茨曲线是 Kuznets(1955)提出的收入分配随经济发展进程变化的曲线。Grossman 和 Krueger(1991)提出的环境库兹涅茨曲线通常是指环境与经济之间的相似关系。自 2015 年以来，以环境库兹涅茨曲线为实证研究对象或研究方法的研究呈现爆发式增长，揭示随着证据的积累，环境库兹涅茨曲线日益受到关注，被越来越多的学者所接受。还有一个有意义的词是"panel data"（面板数据），它是适用于环境规制研究的最受认可的数据类型之一。

3.3　碳中和的相关主题爆发式增长

3.3.1　学术论文分布：新兴的多学科领域

　　2000～2022 年碳中和相关论文发表的时间分布情况见图 3-9。从总体上来看，全球发表的碳中和相关论文数量在整体上呈现三个阶段，2007～2020 年为明显的增长时期。

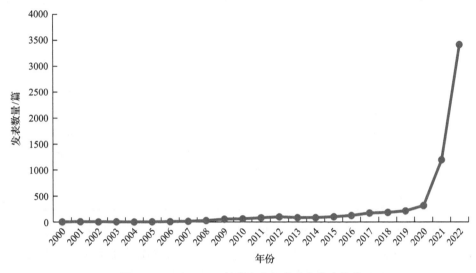

图 3-9　2000～2022 年碳中和相关论文发表趋势

在 2000～2007 年，国际上已经开始零星出现了碳中和相关论文，但是数量较少，平均每年发表论文数量仅为个位数。2007 年以后，碳中和相关论文有了小幅度的增长趋势，并且在 2008 年达到了 30 篇，结合当时的环境背景，2006 年《新牛津美国字典》将碳中和评为当年年度词汇，"碳中和"一词有了正式的术语和内涵。随后"碳中和"成为热词，与其相关的文献研究在 2020 年呈现出爆发式增长趋势，2021 年全球碳中和相关论文突破了 1000 篇，2022 年则是达到了 3420 篇。

全球共有 91 个国家参与了 2000～2022 年碳中和领域的相关研究，共发表论文 6282 篇。其中，贡献度最高的前 10 个国家如表 3-3 所示，分别为中国、美国、英国、德国、日本、韩国、澳大利亚、印度、加拿大和意大利。其中，中国和美国占据主要部分，中国发表的碳中和领域的学术论文数量最多，为 3483 篇，占到了全球研究总数的 55.4%，是位列第二名的美国（869 篇）的 4 倍，而其余国家贡献论文的数量均在 400 篇以下，远不及中国和美国。这表明碳中和研究集中在中国和美国，且中国的论文在碳中和领域中占主导，这可能是由于碳中和理念在 2020年被中国首次提出，碳中和目标成为中国的重要发展战略，因此大量的中国学者对其展开相应的研究。

表 3-3　2000～2022 年碳中和领域论文国家分布

国家	论文数量/篇	占比
中国	3483	55.4%
美国	869	13.8%
英国	348	5.5%
德国	295	4.7%
日本	288	4.6%
韩国	280	4.5%
澳大利亚	269	4.3%
印度	236	3.8%
加拿大	209	3.3%
意大利	159	2.5%

　　图 3-10 给出了碳中和文献排名前五位的碳中和相关论文涉及的学科领域。结果表明碳中和是一个多学科研究领域,其中大部分文献都属于能源燃料(1870篇)和环境科学(1787 篇)。同时,还主要涉及绿色可持续科学技术(1045 篇)、工程化学(803 篇)和环境研究(618 篇)。且各学科文献总量加和大于样本数,说明碳中和是个多学科交叉研究领域。

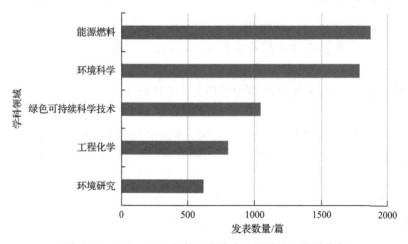

图 3-10　2000～2022 年前五位碳中和相关论文学科分布

3.3.2　合作网络格局:中国科研机构走向中心

　　从全部英文论文获悉碳中和相关研究贡献最大的主要国家是中国,还包括美国、英国、德国等欧美国家以及日本、韩国等东亚国家,这些国家的经济实力均居世界前列，工业化进程较快，具有较强的环境保护意识。而且美国、英国、日本等发达国家早在 20 世纪就发生过严重的环境污染事件，也促进这些国家的学者较早地对碳中和问题进行相关的研究，但近年来随着中国"双碳"目标的提出，关于碳中和领域的学术研究占据了主导地位，碳中和相关论文的国家合作网络图谱如图 3-11 所示。发现中国是面积最大的节点且具有较高的中心度(0.31)，表明中国是碳中和研究领域国家合作网络的最大贡献者。同时，从国家间的合作网络聚类可以看出，中国、美国、英国、日本、韩国和新加坡等国家间关于碳中和的交流合作较为密切，形成了碳中和领域的主要合作网络，而法国、德国、瑞典、西班牙、意大利等欧洲国家形成了一个国家合作群，国家之间的交流合作产生了较多成果。

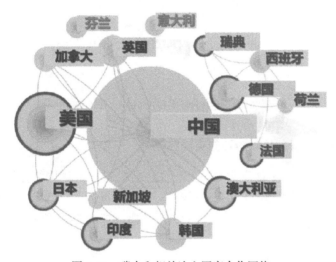

图 3-11　碳中和相关论文国家合作网络

2000～2022 年全球共有 3822 家研究机构发表了碳中和相关的学术成果。排名前 10 位的机构分别为 Chinese Academy of Sciences（中国科学院）、Tsinghua University（清华大学）、U.S. Department of Energy（美国能源部）、University of Chinese Academy of Sciences（中国科学院大学）、North China Electric Power University（华北电力大学）、China University of Mining & Technology（中国矿业大学）、Tianjin University（天津大学）、Chongqing University（重庆大学）、Xi'an Jiaotong University（西安交通大学）和 Shanghai Jiao Tong University（上海交通大学）。其中，发表论文数量最多的是中国科学院，共 418 篇。通过对 6282 篇碳中和相关论文进行机构合作网络分析，得到如图 3-12 所示的机构合作网络图谱，发现碳中和相关论文中的机构合作网络错综复杂、合作密度强、合作关系较多。其中，中国科学院在论文的数量和科研合作方面均表现出色，具有较大的影响力，是碳中和研究中的最大贡献者。

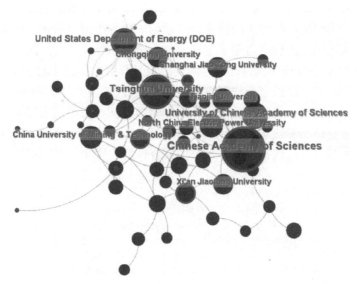

图 3-12　碳中和相关论文机构合作网络

3.3.3　热点趋势分析：从概念转向实现路径

对 2000～2022 年全球碳中和英文论文进行关键词共现网络分析，将收集到的数据规范化处理为 Web of Science (WOS) 类型并导入，选择节点类型为关键词共现网络，得到英文核心论文关键词的共现图谱，如图 3-13 所示。

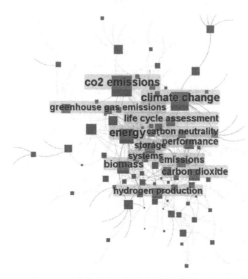

图 3-13　碳中和相关论文关键词共现网络

　　关键词是理解研究重点内容的明显标志，根据图 3-13 的关键词共现网络，可以准确定位碳中和的研究热点。碳中和相关论文关键词共现网络交错程度深且复杂，共有 968 个节点，节点的大小代表了关键词在 6282 篇论文中出现的频率。"carbon neutrality""performance""energy""CO_2 emissions""climate change"是出现频次最多的几个关键词，表明碳中和文献研究的热点集中在能源、气候变化及碳排放领域。

　　通过对碳中和相关论文的关键词共现网络进行聚类，并生成可视化视图，得到图 3-14 所示的碳中和相关论文关键词共现网络聚类图。重要等级由高到低的聚类集群分别为"climate change"（气候变化）、"carbon dioxide"（二氧化碳）、"carbon emissions"（碳排放）、"renewable energy"（可再生能源）、"biomass"（生物质能）、"sustainable development"（可持续发展）、"carbon sink"（碳汇）共 7 类。其中，"climate change"成为近年来最热的研究主题，表明了当前碳中和理念与全球气候变化的密切关系。同时，碳中和领域的学术研究不仅关注二氧化碳的减排问题，如"carbon dioxide"、"carbon emissions"，同样也关注清洁能源替代的相关研究，如"renewable energy"和"biomass"，以及碳循环及再利用，如"sustainable development"与"carbon sink"。

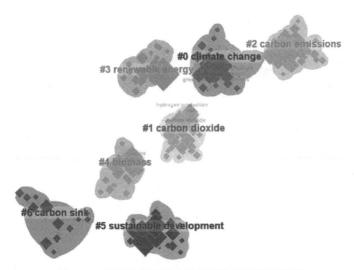

图 3-14　碳中和相关论文关键词共现网络聚类图

　　因为碳中和关键词共现网络交错程度深且复杂，聚类后共现网络的 7 个集群交叠较多，难以直接看出更多具体信息，需要进一步挖掘各聚类类别包含的信息。

　　早期出现在 2000 年前后的关键词有"climate change"（气候变化）、"carbon

dioxide"（二氧化碳）、"technology"（技术）、"emissions"（排放）、"biomass"（生物质能），在 2010 年前后涌现出了"carbon neutral"（碳中和）、"carbon footprint"（碳足迹），随后又出现了"hydrogen production"（氢产品）、"storage"（储能）、"electrocatalysis"（电催化）、"biodiesel"（生物柴油），到 2020 年后开始聚焦于"energy transition"（能源转型）、"design"（设计）。关键词共现网络聚类结果的时线分析，体现了学者研究切入点从碳中和问题的提出背景，转向为新能源开采、新技术开发、新体系设计等实现路径。

第4章 全球绿色低碳技术的发展态势

2020 年以来，众多国家纷纷制定面向碳中和的科技攻关计划，加快绿色低碳技术布局已成为国际社会的普遍共识，急需对国际绿色低碳技术研发的整体态势进行研判。中国同多数发达国家相比，目前经济增长与二氧化碳排放的脱钩能力较弱，迫切要求在加快推广成熟技术开发，支撑碳中和实现的同时，提前部署深度减排的各项技术来满足快速减排的需求。为力保"碳中和"目标的实现，多数发达国家已经完成了工业化与现代化，其中绝大多数在 20 世纪末实现了碳达峰并积累了绿色低碳技术布局的实践经验，这将支持中国做好碳达峰阶段的绿色低碳技术储备。

专利技术的测度相比文献研究指标更具一定优势，不仅克服了文献计量在反映实际技术研发活动方面的局限性和时滞性，而且更加关注具有实际应用和市场价值的技术，更能鼓励和引导技术的后续发展，使专利数据在技术发展趋势分析中得到广泛应用。本章根据世界知识产权组织确定的替代能源生产、交通运输、节能、废物管理、农林业、行政监管设计、核能等七大绿色低碳技术领域的 IPC 号，在智慧芽和大为专利数据库中进行检索，挖掘全球国家授权的绿色低碳技术专利数据，凝练七大绿色低碳技术领域的发展态势。

4.1 全球绿色低碳技术井喷式增长

4.1.1 全球绿色低碳技术专利研发呈现井喷式增长态势

随着气候危机的日益严重，全球五大地区专利授权的绿色低碳技术，在 2000～2020 年均有不同程度的增加，见图 4-1。

在 20 世纪初绿色低碳专利的授权以美国和日本为主，2010 年以后，全球五大地区的绿色低碳专利授权量进入了井喷式的发展阶段，且以中国和美国的专利授权量的增长最为明显，其中，中国的授权量增速最快。截至 2020 年，绿色低碳技术授权量最多的是中国。

4.1.2 绿色低碳技术研发主要聚焦节能、储能和新能源发电方向

为进一步对全球绿色低碳技术研发的热点技术进行细致分析，本节整理了全球绿色低碳技术专利授权量排前十位的专利数据（表 4-1）。从绿色低碳技术

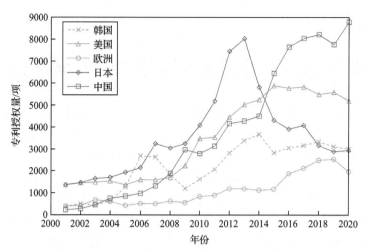

图 4-1 绿色低碳技术全球五大地区授权量

表 4-1 全球绿色低碳技术热点专利授权量统计表(前 10 位)

IPC 号	IPC 号含义	授权量/项
H01L	半导体器件	77 917
H01M	用于直接转变化学能为电能的方法或装置,如电池组	64 655
H02J	供电或配电的电路装置或系统,电能存储系统	32 396
B01D	分离(用湿法从固体中分离;用风力跳汰机或摇床分离;固体物料从固体物料或流体中的磁或静电分离,利用高压电场的分离)	18 302
B09B	固体废物的处理	14 877
F24F	空气调节,空气增湿,通风,空气流为屏蔽的应用	5 291
F23G	焚化炉,废物或低品位燃料的焚毁	3 842
F03D	风力发动机	3 723
E04F	建筑物的装修工程,如楼梯、楼面	3 382
F03B	液力机械或液力发动机	3 366

专利 IPC 号授权量来看,排前 3 位的绿色低碳技术均属于电学范畴(一级 IPC 号为 H),这与全球能源系统从化石燃料向低碳电力转型的技术研发要求一致。其中,排第 1 位的专利类目为半导体器件(IPC 号:H01L);排第 2 位的专利类目为"用于直接转变化学能为电能的方法或装置,如电池组"(IPC 号:H01M);排第 3 位的专利类目为"供电或配电的电路装置或系统,电能存储系统"(IPC 号:H02J)。

整体来看，排前 10 位的热点绿色低碳专利主要聚焦节能、储能和新能源发电等
方向。

4.1.3　研发合作主要以中国、美国、日本、韩国为中心，实现中国研发总量超越

绿色低碳技术研发主要以中国、美国、日本、韩国四国为研发中心，绿色低
碳技术专利的国际合作网络见图 4-2。2001～2005 年，绿色低碳技术专利研发主
要以美国、日本、韩国为中心，中国的专利授权量相对较少；2006～2010 年，中
国的绿色低碳技术专利研发相比美国、日本、韩国仍大幅落后；2011～2015 年，
中国的绿色低碳专利研发呈现追赶态势；2016～2020 年，中国的绿色低碳技术专
利研发总量已超越美国、日本、韩国。

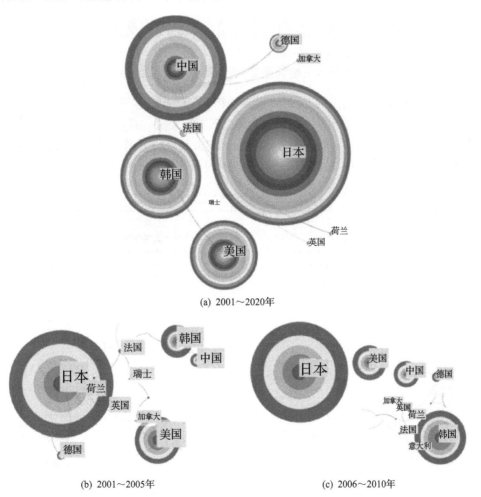

(a) 2001～2020年

(b) 2001～2005年　　　　　　　　　　(c) 2006～2010年

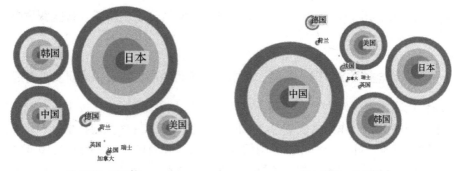

(d) 2011～2015年　　　　　　　　(e) 2016～2020年

图 4-2　全球绿色低碳技术专利国际合作网络图

4.2　主要碳达峰国家绿色低碳技术发展特色

4.2.1　绿色低碳技术总量爆发增长是 21 世纪碳达峰窗口的标志

考虑全球碳达峰国家的 GDP、能源消耗以及碳排放水平，最终选取 10 个国家作为主要碳达峰国家样本，分别为德国、英国、法国、荷兰、澳大利亚、美国、意大利、加拿大、日本和韩国，其中德国、澳大利亚、美国、日本和韩国均属于全球十大煤电国家。10 个主要碳达峰国家的时间窗信息及特征如表 4-2 所示。

表 4-2　主要碳达峰国家时间窗信息及特征

国家	国家简称	十年窗口起点年份	碳达峰年份	是否属于全球十大煤电国家	窗口起点化石燃料占能耗总量比重
德国	DE	1980	1990	是	94.09%
英国	GB	1981	1991	否	94.66%
法国	FR	1981	1991	否	77.76%
荷兰	NL	1986	1996	否	97.78%
澳大利亚	AU	1996	2006	是	93.65%
美国	US	1997	2007	是	86.46%
意大利	IT	1997	2007	否	92.44%
加拿大	CA	1997	2007	否	74.74%
日本	JP	2002	2012	是	81.83%
韩国	KR	2008	2018	是	81.17%

根据检索到的绿色低碳技术专利数据绘制主要碳达峰国家在碳达峰十年窗口期内的专利授权量趋势图和统计表，分别见图 4-3 和表 4-3。从专利授权量来看，2000 年之前实现碳达峰的国家，其绿色低碳技术专利授权量相对较少；进入 21 世纪以后，全球变暖问题愈演愈烈，以节能减排为主要代表的绿色低碳技术逐渐受到各国政府的高度重视，在这一阶段实现碳达峰的国家，其绿色低碳技术专利授权量呈现爆发式增长，且以日本、美国、韩国的增长最为明显。

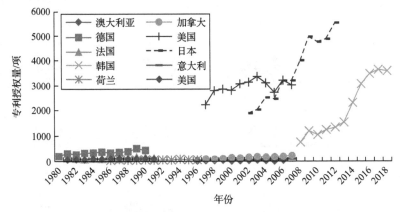

图 4-3　主要碳达峰国家十年窗口期绿色低碳技术专利授权量趋势图

表 4-3　主要碳达峰国家绿色低碳技术专利授权量统计表

国家	碳达峰年份	专利授权量/项	总量排序	年均增速	增速排序
日本	2012	39 909	1	0.111	2
美国	2007	32 832	2	0.031	9
韩国	2018	23 557	3	0.169	1
德国	1990	3 860	4	0.085	4
加拿大	2007	1 693	5	0.095	3
法国	1991	1 348	6	−0.012	10
英国	1991	927	7	0.073	5
意大利	2007	709	8	0.065	6
荷兰	1996	597	9	0.051	8
澳大利亚	2006	461	10	0.057	7

4.2.2　替代能源生产、废物管理、节能三大领域结构布局形成重点

根据世界知识产权组织确定的七大绿色低碳技术领域的 IPC 号，绘制主要碳达

峰国家在七大绿色低碳技术领域的专利布局热力图和绿色低碳技术专利国际合作热力图，分别如图 4-4 和图 4-5 所示。整体来看，主要碳达峰国家在其十年窗口期内均主要关注替代能源生产、废物管理和节能三个技术领域的专利研发，对农林业和交通运输领域的绿色低碳技术专利研发稍显不足，对核能和行政监管设计两大领域的绿色低碳技术专利研发则比较欠缺。其中，碳达峰早的国家主要关

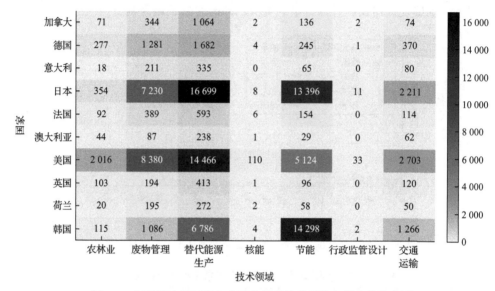

图 4-4　主要碳达峰国家七大绿色低碳技术领域专利布局热力图

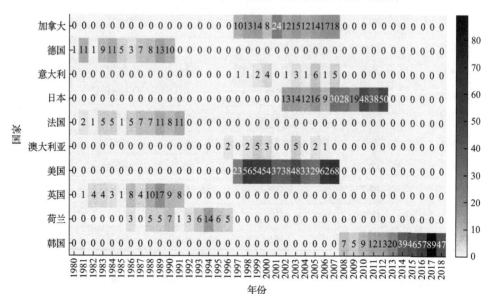

图 4-5　主要碳达峰国家绿色低碳技术专利国际合作热力图

注废物管理和替代能源生产两个领域的绿色低碳技术专利研发，碳达峰晚的国家（美国、日本、韩国）21 世纪不仅在绿色低碳技术专利研发总量上实现新的飞跃，而且加强了节能和交通运输领域的绿色低碳技术专利部署。此外，美国由于其自身雄厚的科研实力，在各领域的绿色低碳技术专利研发均居前列。

4.2.3　碳捕集和封存技术成为最受追捧的热点专利

为对各国在碳达峰十年窗口期内的绿色低碳技术布局进行深入分析，本节将专利 IPC 号的前五位子代码作为分类标准，筛选出碳达峰窗口期内各国授权量排名前 20 的绿色低碳技术专利领域，通过分类统计对碳达峰国家布局的热点绿色低碳技术专利凝练结果如表 4-4 所示。整体来看，所有国家在其碳达峰窗口期内布局的热点专利主要分布于废物管理、替代能源生产、节能、交通运输和农林业五大技术领域，其中，替代能源生产和废物管理两个领域的热点专利布局数量最多，分别占 42% 和 28%，交通运输、节能和农林业三个领域的热点专利布局数量相对较少，分别占 13%、10% 和 7%。

表 4-4　碳达峰国家热点专利布局统计表

布局国家数/个	技术领域	IPC 号	总数/项
10	废物管理	B01D53	1
9	废物管理	F01N3	2
	交通运输	F16H3	
8	替代能源生产	B09B3、H02J7	2
7	节能	H01L33	3
	替代能源生产	H01L31、H01M8	
6	废物管理	H01M10	2
	替代能源生产	C12N1	
5	废物管理	A62D3、C02F3、F23G7	7
	替代能源生产	C10L1、F23G5、H01M2、H01M4	
4	废物管理	C08J11、C10L5	6
	替代能源生产	C07C67、C12N5	
	交通运输	C10J3、F16H48	
3	废物管理	C22B7、G21F9	7
	节能	E04F13	
	农林业	A01N53、A01N63	
	替代能源生产	C12N15	
	交通运输	F02M21	

续表

布局国家数/个	技术领域	IPC 号	总数/项
2	废物管理	B03B9、C02F9、E02B15	13
	节能	B60L3、C09K5、H05B33	
	替代能源生产	C07C69、C10B53、F03B13、F24D11、H01L25、H01L51	
	交通运输	B60W20	
1	废物管理	B01D46、B29B17、C04B18、F01N9	17
	节能	F21K99	
	农林业	A01G23、A01N57	
	替代能源生产	C02F11、C12N9、C12P7、F01K23、F24F5、H01M12、H01M14	
	交通运输	B62M3、F28D17、H02K29	

依据 IPC 号为 B01D53 的专利是所有国家的热点专利，说明各国在其碳达峰进程中均重点部署了基于废气分离与回收的碳捕集和封存技术。此外，绝大多数国家的热点专利还包括 F01N3（废气净化的排气处理装置）、F16H3（用于以可变速比传送旋转运动或用于使旋转运动换向的齿轮传动装置）、B09B3（固体废物转化）、H02J7（用于电池组的充电、去极化或用于由电池组向负载供电的装置）、H01L33（基于光发射半导体器件的电致发光光源）、H01L31（把辐射能转换为电能的太阳能电池半导体器件）、H01M8（燃料电池的非活性零件）、H01M10（基于废电池、电池或蓄电池的可用部件的回收）、C12N1（基于微生物成分的材料制备）、A62D3（基于化学变化使有害化学物质无害或降低危害的废物处理方法）、C02F3（基于生物利用的污水处理）、F23G7（废气或有害气体的燃烧处理）、C10L1（生物乙醇等含碳燃料制备）、F23G5（基于焚烧废物或低品位燃料的热能回收）、H01M2（非活性电池零件）和 H01M4（具有催化活性的惰性电极）。相对而言，农林业领域的热点专利相对较少，主要包括 A01N53（含有环丙烷羧酸或其衍生物的杀生剂、害虫驱避剂或引诱剂，或植物生长调节剂制备）、A01N63（基于微生物、动物，或由其产生或获得的物质制备的杀生物剂、驱虫剂、引诱剂或植物生长调节剂）、A01G23（林业加工技术）和 A01N57（含有有机磷化合物的杀生剂、害虫驱避剂或引诱剂，或植物生长调节剂制备）。

综上所述，多数国家的热点绿色低碳技术专利主要关注"废物处理转化与回收利用""燃料电池以及太阳能电池的零部件""基于生物能源的燃料开发利用与污染治理""变速与换向传动装置"等技术研发，少数国家的热点专利也涉及农林业领域，如"无公害化的药剂制备和林业加工"等技术。

4.2.4　替代能源生产发挥重要的"引擎"作用

基于专利之间的引用关系网络构建每一项专利的颠覆性指标:

$$D = \frac{n_i - n_j}{n_i + n_j + n_k} \tag{4-1}$$

其中, n_i 表示只引用某项专利的专利数; n_j 表示除了引用某项专利,还引用了该项专利的参考专利的专利数; n_k 表示不引用某项专利只引用该项专利的参考专利的专利数。 n_i 、 n_j 和 n_k 之间的关系可以用图 4-6 进行刻画描述。

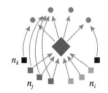

图 4-6　专利之间引用关系示意图

基于公式(4-1)计算各类专利的颠覆性程度,通过分类求均值得到七大绿色低碳技术领域的平均颠覆性程度如表 4-5 所示。其中,替代能源生产领域的颠覆性程度最大,说明该类技术在各国实现碳达峰的进程中发挥着重要的"引擎"作用;废物管理和节能领域的颠覆性程度次之,是支撑各国实现碳达峰的支撑动力;交通运输和农林业两个领域的颠覆性程度较小,在各国实现碳达峰的进程中发挥一定的辅助功能;核能和行政监管设计两个领域的颠覆性程度最小。

表 4-5　七大绿色低碳技术领域颠覆性程度统计表

技术领域	颠覆性程度	排名
替代能源生产	4.81×10^{-3}	1
废物管理	9.3×10^{-4}	2
节能	3.5×10^{-4}	3
交通运输	4×10^{-5}	4
农林业	2×10^{-5}	5
核能	1.8×10^{-7}	6
行政监管设计	2.7×10^{-9}	7

这里将颠覆性程度排名前 30% 的专利作为核心绿色低碳技术专利,通过分类汇总得到碳达峰窗口期内不同领域核心绿色低碳技术专利分布图和碳达峰国家核心绿色低碳技术专利布局结构统计表,分别如图 4-7 和表 4-6 所示。整体来看,碳达峰核心绿色低碳技术专利主要包含替代能源生产、废物管理、农林业、交通运输和节能五个技术领域。其中,替代能源生产和废物管理两个领域的核心绿色低碳技术专利最多,分别占 37% 和 32%,其余依次为农林业(17%)、交通运输(10%)和节能(4%)。

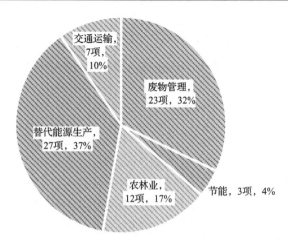

图 4-7　碳达峰窗口期内不同领域核心绿色低碳技术专利分布图

表 4-6　碳达峰国家核心绿色低碳技术专利布局结构统计表

国家	废物管理	节能	农林业	替代能源生产	交通运输	总计/项
德国	0.407	0.046	0.072	0.455	0.020	2 404
英国	0.258	0.090	0.138	0.491	0.022	542
法国	0.319	0.105	0.087	0.453	0.037	832
荷兰	0.305	0.070	0.036	0.565	0.024	416
澳大利亚	0.235	0.068	0.123	0.546	0.027	293
美国	0.282	0.167	0.061	0.478	0.013	24 202
意大利	0.292	0.067	0.032	0.548	0.062	566
加拿大	0.173	0.068	0.045	0.697	0.017	1 435
日本	0.201	0.373	0.008	0.412	0.006	31 626
韩国	0.044	0.680	0.005	0.267	0.004	19 272

从表 4-6 中的各国核心绿色低碳技术专利布局结构来看，主要碳达峰国家的核心绿色低碳技术专利主要分布于废物管理和替代能源生产两个领域，碳达峰晚的国家(美国、日本、韩国)在节能领域的核心绿色低碳技术专利部署也有所加强，其中，韩国在节能领域的核心绿色低碳技术专利布局更是达到了 68%，远高于其他国家。

4.2.5　核心绿色低碳技术的主题聚类存在交叉共享

采用潜在狄利克雷分配(latent Dirichlet allocation，LDA)主题聚类模型对专利文本中包含的主题特征进行分析，通过建立三层贝叶斯概率模型来识别大量文本信息中隐藏的主题信息。该模型的假设如下：①所有文本所构成的集合中存在 k 个主题，且这些主题之间相互独立；②每个文本由 k 个主题随机混合组成，且主题参数服从狄利克雷分布；③每个主题是特征词上的多项分布且参数服从狄利克雷分布。主要思想是：一个文本以一定的概率选择了某个主题，并从该主题中以一定概率选择某个词语而构成，即一个文本代表若干主题构成的一个概率分布，而每一个主题又代表若干词语构成的一个概率分布。LDA 模型的计算结果可以得到文本-主题和主题-词语两个概率分布。文本-主题概率分布获得每个主题下的文本支持权重，权重越大表示该文本与主题的关联度越大；主题-词语概率分布由一系列特征词及其在该主题中出现的概率值表示，由此反映每个主题的内部结构，特征词概率值越大，该词对该主题的贡献度也越大。

该模型的具体实现步骤如图 4-8 所示，首先从狄利克雷分布 $\vec{\alpha}$ 中选择生成文本的主题分布 $\vec{\theta}_m$，也就是说，主题分布 $\vec{\theta}_m$ 是由超参数为 α 的狄利克雷分布生成，然后从 $\vec{\theta}_m$ 中取样生成文档的第 n 个词主题 $z_{m,n}$，接着从狄利克雷分布 $\vec{\beta}$ 中取样生成主题 $z_{m,n}$ 对应的多项词语分布 $\vec{\varphi}_k$，最后从 $\vec{\varphi}_k$ 中采样生成单词 $w_{m,n}$。将上述过程重复 n 次，便可生成一个文本的"文本-词语"矩阵。

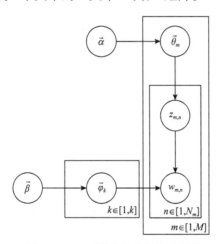

图 4-8　LDA 模型实现方法示意图

为进一步对各技术领域的核心绿色低碳技术专利进行深入分析，利用 LDA 主题聚类模型对核心绿色低碳技术专利的文本信息进行深入挖掘，得到不同技术领域的主题分布结果，如表 4-7～表 4-11 所示。通过对主题聚类进行困惑度与一致性的比较，最终确定替代能源生产、废物管理、节能、农林业和交通运输领域的核心绿色低碳技术专利的最佳技术子主题。

表 4-7　替代能源生产领域 LDA 主题聚类

主题概括	子主题	关键词	概率值
1. 燃料电池及其材料制备	1. 电池组装置与活性零件	电池组	0.146
		装置	0.145
		电能	0.140
		化学能	0.140
		零件	0.070
		活性	0.070
		电池	0.020
	2. 燃料电池零件与活性电解质材料	燃料电池	0.251
		制造	0.170
		零件	0.123
		活性	0.123
		电解质	0.035
		固体	0.027
		电池	0.020
2. 生物燃料开发利用	3. 基于羧酸、酯制备的生物柴油	酯	0.075
		生物	0.045
		羧酸	0.041
		制备	0.035
		驱动	0.032
		机械	0.031
		柴油	0.031
3. 固体废物燃料制备	4. 固体废物无害转化与材料制备	固体废物	0.076
		制备	0.060
		组合	0.048
		材料	0.046
		无害	0.041
		有用	0.038
		破坏	0.038

续表

主题概括	子主题	关键词	概率值
3. 固体废物燃料制备	5. 生物燃料制备与废物焚烧炉	燃料	0.096
		含碳	0.041
		设备	0.037
		废物	0.036
		焚烧	0.034
		焚化炉	0.034
		低	0.034
4. 废气回收与循环利用	6. 挥发性气体分离回收与惰性电极材料	气体	0.052
		分离	0.050
		惰性电极	0.039
		回收	0.035
		溶剂	0.033
		挥发性	0.033
		蒸气	0.033
	7. 流体循环利用控制装置	装置	0.040
		流体	0.033
		循环	0.030
		压力	0.029
		辅助	0.029
		控制	0.029
		遗传工程	0.028

表 4-8　废物管理领域 LDA 主题聚类

主题概括	子主题	关键词	概率值
1. 废气净化及燃烧处理	1. 内燃机排气净化装置	装置	0.200
		排气	0.160
		诊断	0.040
		变为	0.040
		电	0.040

续表

主题概括	子主题	关键词	概率值
1. 废气净化及燃烧处理	1. 内燃机排气净化装置	净化	0.040
		内燃机	0.040
2. 基于废气分离回收的 CCUS	2. 气体分离回收的 CCUS 技术	碳	0.082
		捕集	0.079
		储存	0.079
		气体	0.060
		分离	0.045
		回收	0.040
		挥发性	0.031
3. 污水处理的生物防治	3. 污水处理与生物防治	污水	0.108
		管理	0.054
		废水	0.054
		废料	0.046
		塑料	0.042
		回收	0.040
		生物	0.027
4. 废气回收利用	4. 废气分离回收	气体	0.058
		废气	0.052
		冷凝	0.040
		蒸气	0.040
		挥发性	0.040
		回收	0.038
		分离	0.038

表 4-9　节能领域 LDA 主题聚类

主题	关键词	概率值
1. 充电电池组与电能储存	电池组	0.162
	充电	0.114
	装置	0.111

续表

主题	关键词	概率值
1. 充电电池组 与电能储存	负载	0.081
	供电	0.081
	电能	0.057
	储存	0.057
2. 发光半导体材料 及其他半导体器件	势垒	0.093
	半导体器件	0.069
	半导体	0.052
	表面	0.047
	电位	0.046
	发光	0.046
	跃变	0.046
3. 热能储存与传热、 热交换或储热材料	材料	0.487
	制冷剂	0.040
	热交换	0.040
	制冷	0.040
	传热	0.040
	制热	0.040
	储热	0.040

表 4-10　农林业领域 LDA 主题聚类

主题概括	子主题	关键词	概率值
1. 基于生物材料制备的 农药替代品	1. 基于微生物、动植物等材料制备的 引诱剂	微生物	0.102
		真菌	0.051
		病毒	0.051
		动物	0.051
		化合物	0.033
		引诱剂	0.032
		植物	0.032
	2. 基于真菌制备的植物生长调节剂及 害虫驱避剂	植物	0.082
		化合物	0.043
		生长	0.043
		真菌	0.043

续表

主题概括	子主题	关键词	概率值
1. 基于生物材料制备的农药替代品	2. 基于真菌制备的植物生长调节剂及害虫驱避剂	调节剂	0.042
		驱避剂	0.042
		害虫	0.041
	3. 害虫引诱剂及驱避剂	害虫	0.097
		植物	0.060
		引诱剂	0.057
		调节剂	0.056
		驱避剂	0.054
		物质	0.042
		特征	0.041
	4. 植物生长调节剂	杀生	0.081
		驱避剂	0.080
		害虫	0.080
		植物	0.079
		生长	0.079
		调节剂	0.079
		衍生物	0.047
2. 基于生物的土壤改良与保护	5. 基于生物的土壤改良与保护	进入	0.115
		土壤	0.089
		稳定	0.074
		保护	0.058
		岩石	0.057
		土壤改良	0.052
		生物	0.030
3. 替代灌溉技术	6. 喷嘴等替代灌溉技术	运动场	0.045
		设备	0.045
		花园	0.045
		液肥	0.045
		装置	0.045
		喷嘴	0.045
		专用设备	0.045

表 4-11　交通运输领域 LDA 主题聚类

主题	关键词	概率值
1. 氢燃料发动机	燃料	0.113
	气态	0.107
	氢气	0.063
	装置	0.061
	燃烧	0.053
	发动机	0.053
	气体燃料	0.053
2. 电动汽车	系统	0.124
	制动	0.117
	车辆	0.082
	电力	0.061
	再生制动	0.061
	动态	0.035
	推进	0.033
3. 车辆制动系统	车辆	0.106
	系统	0.061
	乘骑	0.046
	装置	0.042
	驱动	0.037
	电力	0.031
	制动	0.031

1. 替代能源生产领域

　　人类的过度开采导致化石能源的日渐枯竭，国际社会开始寻求可再生能源来满足全球日益增长的能源需求。燃料电池及其材料制备属于电力能源技术，燃料电池是一种通过与氧化剂发生化学反应来发电的装置，它不涉及燃烧过程，产生的碳排放量很少，还可以避免氮氧化物及其他污染物的形成，其技术与储能技术的结合将为电力能源结构转型提供极大便利。生物燃料开发利用是一种燃料制备技术，主要利用动植物及其排泄物来制取燃料，该类能源是对非可再生化石能源的最大补充。固体废物燃料制备是一种燃料制备技术，它主要从人类活动产生的废物当中提取燃料，能够大幅提升能源的利用效率，从而减少相应生产过程中产生的碳排放。废气回收与循环利用是一种将燃烧过程中产生的废气进行再利用的技术，如工业排放废气的余热再利用以及工业废气再加工制取燃料等技术，不仅提升了能源的利用效率，而且为打通燃料消耗与燃料制备之间的碳循环渠道提供了可能。

2. 废物管理领域

据经济合作与发展组织估计，利用绿色低碳技术创新对废物进行处理、回收和再利用，能够减少工业领域约 70%的废弃物和碳排放，国际社会均加强了在该领域的技术研发活动。废气净化及燃烧处理和基于废气分离回收的 CCUS 均是对工业排放过程中产生的废气进行处理，前者主要侧重于对有害气体进行净化吸收及燃烧处理，减少有害气体对环境造成的危害，后者则更加侧重于含碳气体的捕集封存以减少碳排放。国际能源署估计，到 2050 年，CCUS 技术将承担全球 14%的碳减排任务。污水处理的生物防治主要是利用真菌藻类等微生物对受污染的水体进行净化处理，从而减少传统治理方式产生的能源消耗和碳排放。废气回收利用主要是将人类生产活动产生的废气进行循环利用，提高资源的使用效率，减少相应生产过程中的能源消耗以及碳排放。

3. 节能领域

无论新能源电力生产，还是化石能源消耗，均存在一定程度的资源浪费，这为应用节能技术来提升能源利用效率提供了可能。充电电池组与电能储存主要依靠充电电池的充放电性能，实现电力能源的存储和再利用，在电网转型进程中得到了广泛应用，如在风力、太阳能发电厂安装储能电池，在电力需求低峰时，将未能利用的电力暂时储存下来，在电力需求高峰时，配合火电进行消纳，可极大程度降低新能源电力生产过程中的弃风、弃光率；电池能量密度的突破将极大提升能源结构，实现高比例电能替代。发光半导体材料及其他半导体器件主要是指应用半导体材料开发的节能技术。其中，发光半导体材料是利用某些半导体通电发光的特性而研发的一项技术，在发光二极管(light emitting diode，LED)节能灯方面得到了广泛应用，由于 LED 灯发热量不高，电能到光能转化效率高，从而减少了电能消耗；同时，还有一些技术利用半导体进行发电，如光伏发电技术主要利用半导体的光伏效应将太阳能直接转换为电能，这类能源的生产和消耗均不会产生碳排放，在可再生能源系统中得到了广泛应用。热能储存与传热、热交换或储热材料是指在高温或低温条件下对热能进行临时存储的技术，该技术在太阳能利用、工业废热和余热的回收利用以及建筑采暖和空调节能等方面都得到了广泛应用，如太阳能集热器，它利用隔热水库把热能储存起来以备后用，在一定程度上减少了能源消耗。

4. 农林业领域

农业的发展依赖农药、化肥的施用，它们的过度使用不仅使农业生产"高能耗、高排放、高污染"的趋势日益明显，还导致土壤酸化、肥力下降等问题，严重阻碍了农业的可持续发展。基于生物材料制备的农药替代品是指利用生物活体或其代谢产物制备针对农业害虫的杀生剂或抑制剂，它不仅纯天然、无公害，还在一定程度上减少了农药生产的能源消耗。基于生物的土壤改良与保护指利用生物的某些特性用以适应、抑制或改良被重金属污染土壤的措施，这在一定程度上减少了土壤退化和植被破坏的可能性，对增加土壤碳汇也发挥着重要作用。替代灌溉技术指利用滴灌或喷灌方式对土壤和植物进行灌溉，同时实现对水资源和能源的节约。

5. 交通运输领域

据国际能源署统计，交通运输领域的碳排放是人为活动碳排放的第二大来源，也被不少学者视为碳减排最难实现的部门，国际社会为解决这一难题进行过许多探索。氢燃料发动机是一种利用新能源的驱动装置。首先，氢气作为内燃机燃料时，极易实现稀薄燃烧，不会产生碳排放，热效率较高；其次，氢气可以通过太阳能、风能等可再生能源获得，被认为是理想的能源或能源载体，为解决运输领域的碳排放难题提供了相机抉择。电动汽车是指用电机驱动车轮行驶的汽车，它能从根源处切断汽车尾气的碳排放，为解决运输领域的碳排放难题指明了方向，也与能源系统电能替代的决策部署相吻合。车辆制动系统是指使汽车行驶速度强制降低的一系列专门装置，目前比较先进的电磁制动技术就是利用磁感应现象研发的车辆制动系统，电磁制动相比传统制动能够在更短的时间内降低车速，还能减少刹车配件的磨损，不仅延长了车辆的使用寿命，还在一定程度上减少了更换零部件产生的能源消耗。

整体来看，不同技术领域的核心绿色低碳技术专利主题各有侧重。对相似内容的主题进行合并，替代能源生产领域包括燃料电池及其材料制备、生物燃料开发利用、固体废物燃料制备、废气回收与循环利用四个技术主题；废物管理领域包括废气净化及燃烧处理、基于废气分离回收的 CCUS、污水处理的生物防治、废气回收利用四个技术主题；节能领域包括充电电池组与电能储存，发光半导体材料及其他半导体器件，热能储存与传热、热交换或储热材料三个技术主题；农林业领域包括基于生物材料制备的农药替代品、基于生物的土壤改良与保护、替代灌溉技术三个技术主题；交通运输领域包括氢燃料发动机、电动汽车、车辆制动系统三个技术主题。

　　综合以上分析，不同领域的技术主题各有侧重，但均透露出能源系统的变革已由化石能源转向清洁可再生能源。同时，一些领域的技术主题存在着交叉。例如，电池及其零部件在替代能源生产和节能领域均有出现，替代能源生产领域更侧重于以燃料电池为代表的电力能源，节能领域更侧重于以充电电池为代表的充放电储能技术。此外，废气回收处理在替代能源生产和废物管理领域也均有出现，替代能源生产领域更侧重于基于废气的余热利用以及燃料制备，废物管理领域更侧重于有害废气处理以及含碳气体的捕集、封存。

　　从各技术领域解决碳排放问题的实现路径和影响机制来看，五个领域的技术主题概括为三个方面。①新能源开发及其动力设备：如电能方面的燃料电池、光伏发电半导体和电动汽车，氢能方面的氢燃料发动机，生物质能方面的含碳生物燃料制备。②节能与能效提升：如基于废物提取固体燃料、基于废气的余热利用与燃料制备、发光半导体材料、热能储存及热交换材料、生物农药制备、替代灌溉技术、电磁制动系统以及轮式人力驱动车辆。③碳捕集：如基于废气分离回收的 CCUS。其中，节能与能效提升只是通过提升能源利用效率来实现碳减排，并不能从根源上解决碳排放问题，随着人类社会发展，对能源的总需求会不断增加，相应的碳排放量终会增加；而新能源开发及其动力设备和碳捕集分别通过零碳能源替代和直接空气碳捕集实现二氧化碳的零排放，但这两项技术均未发展成熟，部署成本相对较高。因此，从各类技术的实现机理和部署成本来看，碳达峰阶段应重点部署节能与能效提升方面的技术，适当部署一些新能源开发及其动力设备和碳捕集方面的技术，从而实现二氧化碳排放的快速达峰；随着时间的推移，后两类技术日渐成熟，部署成本也会相应降低，在碳中和阶段应大力部署这两类技术，实现能源结构快速转型，并辅以前期部署的节能与能效提升技术，最终实现二氧化碳的深度减排。

第5章　全球七大绿色低碳技术研发竞争格局

中国碳排放目前处于由增长期向平台期过渡阶段，以绿色低碳技术创新为发力点的能源系统变革将是中国实现碳中和目标的关键。为推动绿色低碳技术研发进程，迫切需要深入了解国际绿色低碳技术的研发竞争态势。从全球绿色低碳技术各领域的研究热点来看，替代能源生产领域主要关注燃料电池、太阳能电池、热交换以及电能存储方面的技术研发；交通运输领域主要关注移动设备、无线充电、充电站的技术研发；节能领域主要关注智能电网技术和电能存储技术的研发；废物管理领域主要关注电动车辆、催化还原系统、移动设备、后处理系统及蓄电池管理系统的技术研发；农林业领域主要关注农药替代品、替代灌溉技术以及林业技术方面的研发；核能领域主要关注核反应照射装置、粒子或电离辐射处理装置、核反应堆监视测试及核反应过程的研发；行政监管设计领域主要关注智能交通、智能建筑和智能管理的技术研发。

5.1　替代能源生产领域：光伏发电等相关技术主导

5.1.1　替代能源生产领域专利研发高速增长

为了刻画替代能源生产领域专利研发的演进态势，本章根据世界知识产权组织确定的"替代能源生产"的 IPC 号，在智慧芽和大为专利数据库进行检索，选择 2000～2020 年的研发技术专利数据，挖掘全球发展态势。由图 5-1 可知，2000～2008 年，替代能源生产领域出现了少量专利，并在 2005 年之后表现出轻微的增长趋势；2008～2016 年，替代能源生产领域的技术专利出现了快速增长，尤其是 2014～2016 年的增长速度最快，在此期间全球变暖问题受到关注，2015 年《巴黎协定》在巴黎气候变化大会上通过，世界各国都在寻求新的能源替代技术；2016～2019 年，替代能源生产领域的专利授权量呈现上升趋势。2020 年，很多研究由于新冠疫情的影响一度陷入停滞，但全球在该领域的专利授权量仍在上升。

5.1.2　美国保持领先地位，其他国家持续追赶

为推动替代能源生产领域快速转型，各国都加强了对替代能源生产技术的研发（表 5-1）。

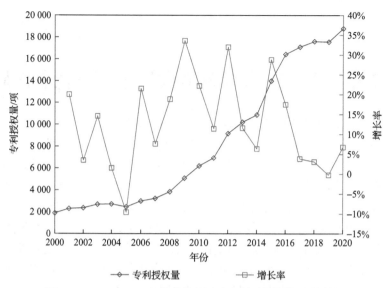

图 5-1　2000～2020 年替代能源生产领域专利授权量趋势图

表 5-1　2000～2020 年替代能源生产领域专利情况

类别	美国	日本	德国	韩国	中国	法国	英国	加拿大	瑞士	丹麦
专利授权量/项	35 666	21 735	8 575	7 796	5 287	3 504	2 130	1 607	1 410	1 398
高被引专利数/项	14 491	5 294	1 450	1 588	1 412	630	463	551	298	277
平均被引频次/次	6	2	2	1	2	1	2	6	2	2
平均专利价值/美元	86	128	76	104	16	82	110	110	112	85

　　由表 5-1 可知,美国在替代能源生产领域的专利授权量、高被引专利数最多,日本的平均专利价值(专利的平均资产价值)最大,美国和加拿大的平均被引频次最大。发现长时间内,美国在替代能源生产领域的专利拥有量一直保持领先地位,其他国家专利拥有量也在持续增长(图 5-2)。总体来看,随着全球变暖问题日益严重,世界各国都在增加替代能源生产领域的专利申请。

5.1.3　企业主导专利研发的同时大学和研究机构跟进

　　由表 5-2 可知,从不同国家的机构专利授权量来看,日本排名前五的机构在替代能源生产领域的专利授权量最多,韩国次之,美国、德国、中国依次排在第 3～5 位。其中,除了日本的丰田自动车株式会社,韩国的三星 SDI 株式会社、美国的通用汽车环球科技运作有限责任公司、德国的罗伯特·博世有限公司、中国的台湾积体电路制造股份有限公司分别是各国专利授权量最多的机构。从机构类型来看,公司最多,其次是研究所。

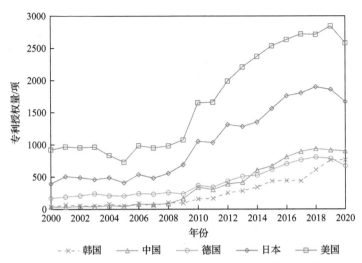

图 5-2　2000～2020 年各国替代能源生产领域专利授权量趋势图

表 5-2　2000～2020 年替代能源生产领域各国机构专利授权量统计表

国家	机构	专利授权量/项
美国	通用汽车环球科技运作有限责任公司	1005
	通用电气公司	873
	气体产品与化学公司	434
	国际商业机器公司	388
	福特全球技术公司	345
日本	丰田自动车株式会社	2049
	本田技研工业株式会社	1406
	松下电器产业株式会社	881
	日产自动车株式会社	880
	松下知识产权经营株式会社	847
德国	罗伯特·博世有限公司	590
	西门子公司	572
	巴斯夫欧洲公司	320
	弗劳恩霍夫应用研究促进协会	220
	戴姆勒股份公司	216
韩国	三星 SDI 株式会社	1662
	三星电子株式会社	1102

续表

国家	机构	专利授权量/项
韩国	株式会社 LG 化学	749
	现代自动车株式会社	674
	LG 电子株式会社	603
中国	台湾积体电路制造股份有限公司	301
	OPPO 广东移动通信有限公司	234
	财团法人工业技术研究院	194
	鸿海精密工业股份有限公司	184
	京东方科技集团股份有限公司	113

5.1.4　高被引专利聚焦太阳能、燃料电池和废物利用

根据 2018～2020 年替代能源生产领域专利被引频次进行筛选，选取被引频次占前 30%的高被引专利(表 5-3)，通过对各国专利授权量的比较，分析其技术优势与短板。

表 5-3　2018～2020 年替代能源生产领域高被引专利统计表

IPC 号	专利授权量/项	所属技术领域	含义
H02J7	5663	太阳能	用于电池组的充电或去极化或用于由电池组向负载供电的装置
H01L31	4651	太阳能	专门适用于把这样的辐射能转换为电能
B01D53	3061	利用人造废物的能源	气体或蒸气的分离
H01M8	2535	燃料电池	燃料电池及其制造
H01L25	874	太阳能	光伏电池的光伏模块或者阵列
H01M2	731	燃料电池	用于直接转变化学能为电能的方法或装置，如电池组
H01L51	657	太阳能	使用有机材料作有源部分或使用有机材料与其他材料的组合作有源部分的固态器件；专门适用于制造或处理这些器件或其部件的工艺方法或设备
F03D9	636	太阳能	特殊用途的风力发动机；风力发动机与受它驱动的装置的组合
F03B13	617	水能	特殊用途的机械或发动机；机械或发动机与驱动或从动装置的组合
H01M4	542	燃料电池	电极

由表 5-3 可知，2018～2020 年替代能源生产领域高被引专利主要分布于太阳能、燃料电池、利用人造废物的能源和水能方面。其中，太阳能专利的被引频次

最多，是近年来替代能源生产绿色低碳技术领域的重点研发方向。

5.1.5　高频关键词聚焦燃料和太阳能电池以及热交换和电储能

由图 5-3 可知，替代能源生产领域的专利主要关注燃料电池、太阳能电池、热交换以及电力供应方面的技术研发。

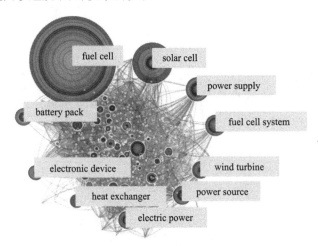

图 5-3　替代能源生产领域专利热点关键词

fuel cell 表示燃料电池，solar cell 表示太阳能电池，power supply 表示电力供应，fuel cell system 表示燃料电池系统，
wind turbine 表示风力涡轮机，power source 表示能量来源，electric power 表示电源，heat exchange 表示热交换，
electronic device 表示电子设备器件，battery pack 表示电池组

5.2　交通运输领域：聚焦车辆供电系统研发

5.2.1　交通运输领域专利研发呈现波动增长态势

为了刻画交通运输领域专利研发的演进态势，本章根据世界知识产权组织确定的"交通运输"的 IPC 号，在智慧芽和大为专利数据库中进行检索，选择 2000～2020 年的研发技术专利数据，挖掘全球发展态势。如图 5-4 所示，从年度分布来看，交通运输领域的专利授权量呈现波动增长态势，2005 年的专利授权量最少，为 871 项，而 2020 年则达到最高的 3735 项。

5.2.2　交通运输领域中国、美国专利研发差距明显

从图 5-5 中专利的国家分布来看，2000～2020 年专利授权量排前 10 位的国家分别是美国（14 001 项）、日本（8603 项）、德国（5216 项）、中国（2757 项）、韩国（2469 项）、法国（1618 项）、加拿大（767 项）、意大利（703 项）、奥地利（647 项）、

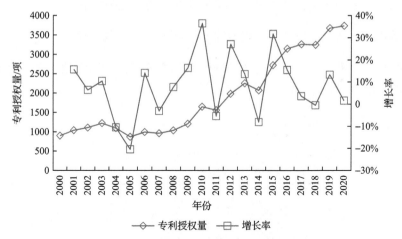

图 5-4　2000～2020 年交通运输领域专利授权量趋势图

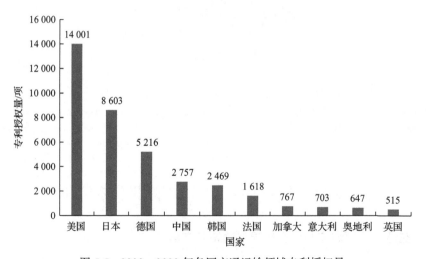

图 5-5　2000～2020 年各国交通运输领域专利授权量

英国（515 项）。美国的专利授权量占据显著优势，2000～2020 年交通运输领域与碳中和相关的专利授权量突破 14 000 项，而中国仅有 2757 项，差距比较明显。

5.2.3　交通运输领域形成以美国、日本、德国、中国和法国为中心的合作网络

2000～2020 年交通运输领域专利国家合作网络图如图 5-6 所示，主要呈现以美国、日本、德国、中国和法国为中心的合作网络，其中美国、德国两国的合作关系最为密切。

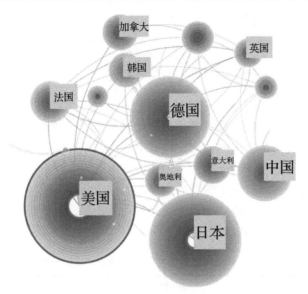

图 5-6　2000～2020 年交通运输领域专利国家合作网络图

5.2.4　美国专利质量领先的态势近年快速下滑

交通运输领域专利授权量排在前五位的国家为美国、日本、德国、中国和韩国（图 5-7）。通过选用测算指标——专利质量=专利授权量×（专利 3 年被引频次+1），对五国的技术实力进行比较，发现 2018～2000 年被引频次数据并不完整，因此本节只分析了 2000～2017 年的情况。对每年各国专利质量进行统计汇总，美国

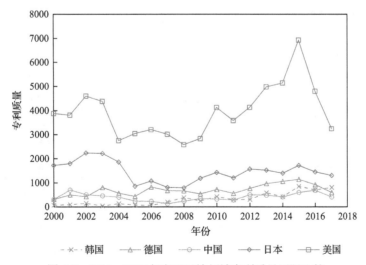

图 5-7　2000～2017 年交通运输领域专利质量国际比较

在 18 年间保持交通运输领域专利质量第一的水平，然而自 2015 年起该领域专利质量有较大幅度的下滑。日本、德国、中国、韩国间的差距并不明显。

5.2.5　交通运输领域专利研发聚焦车辆供电系统

　　2000～2020 年各国交通运输领域高被引专利授权量如表 5-4 所示。拥有高被引专利的五大国侧重的技术领域共性集中于供电系统领域，可见车辆供电系统改造对于碳中和有着举足轻重的作用，也是大多数国家的重点布局领域。同时，前五位国家也存在专利布局的差异性，如中国的侧重点在于自行车等由乘骑者驱动的轮式车辆，这类专利有利于普及低碳环保的人力驱动车辆；德国和韩国则侧重于研究齿轮传动装置，以降低能量转化过程中的损耗，从而实现碳排放的减少；美国、日本的专利范围则较为宽泛。

表 5-4　2000～2020 年各国交通运输领域高被引专利授权量

国家	IPC 号	专利授权量/项	所属技术领域
美国	H02J7/00	2161	供电系统
	B62D35/00	228	流线型车身
	F16H3/44	165	齿轮传动装置
	B60K6/00	159	车辆动力装置
	F16H3/62	158	齿轮传动装置
日本	H02J7/00	1153	供电系统
	B60K6/00	330	车辆动力装置
	B60W20/00	120	混合动力车辆
	B60L9/00	101	车辆外部电源
	F16H3/72	74	齿轮传动装置
中国	H02J7/00	488	供电系统
	B62K15/00	47	自行车
	B62K3/00	43	自行车
	B62M1/00	23	乘骑者驱动轮式车辆
	B62M3/00	22	乘骑者驱动轮式车辆
德国	H02J7/00	155	供电系统
	F16H3/62	59	齿轮传动装置
	F16H3/44	49	齿轮传动装置
	F16H3/08	43	齿轮传动装置
	B60K6/00	42	车辆动力装置

续表

国家	IPC 号	专利授权量/项	所属技术领域
	H02J7/00	382	供电系统
	F16H3/66	41	齿轮传动装置
韩国	F16H3/62	35	齿轮传动装置
	F16H3/44	24	齿轮传动装置
	B60L9/00	12	车辆外部电源

5.3　节能领域：飞速发展形成美国合作网络中心

5.3.1　节能领域全球技术研发呈现快速发展态势

为了刻画节能技术领域专利研发的演进态势，本节根据世界知识产权组织确定的"节能"的 IPC 号在智慧芽和大为专利数据库中进行检索，选择 2000～2020 年的研发技术专利数据，挖掘全球发展态势。如图 5-8 所示，根据专利授权量的时间分布可以看出，节能领域的技术发展大致分为两个阶段。2000～2008 年节能技术处于萌芽阶段，每年公开发表的专利数量较少，不超过 4000 项，且数量变化比较平稳，没有明显的增长趋势。2009～2020 年，随着碳中和的提出，国际上对气候变化和能源节约的关注逐渐增多，节能技术进入快速发展阶段：2009～2010 年

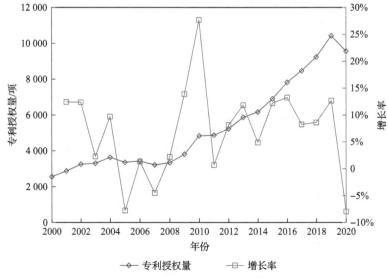

图 5-8　2000～2020 年节能领域专利授权量趋势图

节能领域专利授权量出现了第一个快速增长点，随后年份呈现出较为稳定的增长趋势，年均增长率达到了 7.8%。

5.3.2 技术研发实力美国、日本、德国、中国和韩国引领

2000~2020 年各国节能领域专利授权量如图 5-9 所示。自 2000 年开始，美国在节能领域的专利授权量一直处于世界第一的位置，实力远远高于其他国家。日本紧随其后节能专利拥有量虽落后于美国，但是与其他国家相比也有绝对的领先优势。德国专利授权量在 21 世纪初略微高于中国和韩国，说明其节能技术发展起步较早，但 2009 年以后，其实力基本与中韩在同一水平。此外，各国在节能领域的专利授权量均呈现总体增长的趋势，这表明各国对节能技术领域的关注增多，技术水平也在提高。

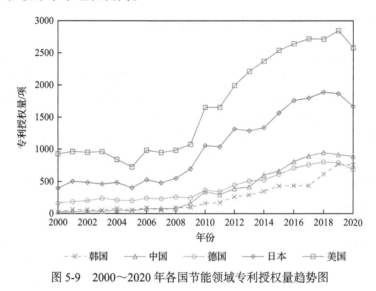

图 5-9 2000~2020 年各国节能领域专利授权量趋势图

5.3.3 节能领域欧美国际合作密切

2000~2020 年节能领域专利国家合作网络图如图 5-10 所示，发现贡献最大的是美国，随后依次是日本、中国、德国、韩国等国家。从合作关系上来看，全球基本上形成了以美国为中心的合作网络，欧美各个国家之间的合作数量较多，合作关系比较密切，亚洲各国的合作数量相对较少，合作关系比较稀疏。

5.3.4 美国、日本专利价值引领同时德国、中国、韩国持续追赶

2000~2020 年美国、日本、德国、中国、韩国的节能专利质量统计如表 5-5 所示。美国、日本、德国、中国、韩国五国中，专利平均被引频次最多的国家是美国

（4.6 次），从专利被引频次角度看，美国的节能专利具有较高的质量。日本的专利平均被引频次排在第二，中国和韩国的专利平均被引频次都是 1.6 次，德国最少。

图 5-10　2000～2020 年节能领域专利国家合作网络图

表 5-5　2000～2020 年美国、日本、德国、中国、韩国节能专利质量统计表

类别	美国	日本	德国	中国	韩国
平均被引频次/次	4.6	2.4	1.4	1.6	1.6
平均专利价值/美元	76	121	66	89	81

结合平均专利价值和平均被引频次来看，美国和日本在节能技术领域的整体实力是最强的。中国和韩国的节能专利虽然在数量上比德国少，但是从专利质量的角度来说，中国和韩国在节能领域的技术实力高于德国。

5.3.5　节能领域热点关键词聚焦充电系统、集成电路和传感器

2000～2020 年节能领域专利热点关键词聚类图如图 5-11 所示。节能领域的专利关注的热点关键词大致可以分为 7 类，从 0 到 6 按照重要程度降序排列：分别为 "charging system"（充电系统）、"emitting device"（发射装置）、"integrated circuit"（集成电路）、"current sensor"（电流传感器）、"magnetic sensor"（磁传感器）、"wireless charging"（无线充电）、"memory tester"（内存测试）。其中，包含专利数量最多的主题是充电系统，与之相关的关键词主要有 "电动汽车""电池组""控制方法""二次电池"等；发射装置相关的关键词主要有 "制造方法""发光二极管""发光装置"等；集成电路相关的关键词主要有 "电子设备""半导体设备""电路板"等；电流传感器相关的关键词主要有 "半导体设备""测量仪器""测量设备"等；磁传感器相关的关键词主要有 "核磁共振成像系统""磁场传感器""核磁共振仪"等；无线充电相关的关键词主要有 "无线电传输""无线电充

电""接收设备"等；内存测试相关的关键词主要有"电场测量系统""低电感横向立兹箔线圈"等。

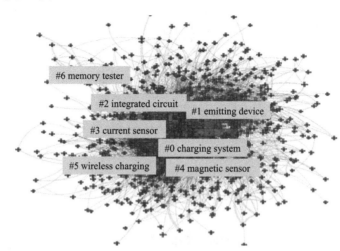

图 5-11　节能领域专利热点关键词聚类图

5.4　废物管理领域：波动增长，形成美日专利质量引领

5.4.1　技术研发呈现波动增长态势

为了刻画废物管理领域专利研发的演进态势，本节根据世界知识产权组织确定的"废物管理"的 IPC 号，在智慧芽和大为专利数据库中进行检索，选择 2000～2020 年的研发技术专利数据挖掘全球发展态势。如图 5-12 所示，2000～2020 年，

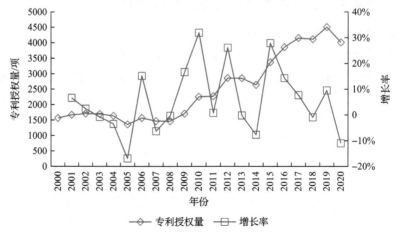

图 5-12　2000～2020 年废物管理领域专利授权量趋势图

废物管理领域专利授权量呈现波动增长态势，2005 年的专利授权量最少（1361 项），2019 年高达 4509 项，2020 年专利授权量有所减少。

5.4.2　国际合作以美国、日本、德国、法国、英国为中心

2000～2020 年废物管理领域专利授权量国家分布如图 5-13 所示，发现获得授权专利量排前 10 位的国家分别是美国（21 743 项）、日本（10 162 项）、德国（6136 项）、中国（2463 项）、韩国（2314 项）、法国（1986 项）、英国（1169 项）、加拿大（1004 项）、意大利（713 项）、瑞士（694 项）。美国的专利授权量占据显著优势，2000～2020 年废物管理领域与碳中和相关的专利授权量突破 21 000 项。中国仅有 2463 项，差距明显。

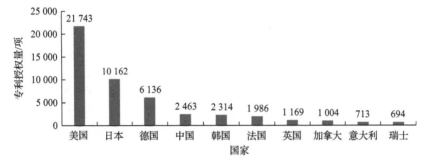

图 5-13　2000～2020 年各国废物管理领域专利授权量

2000～2020 年废物管理领域专利国家合作网络图如图 5-14 所示，主要呈现出以美国、日本、德国、法国、英国为中心的合作网络。

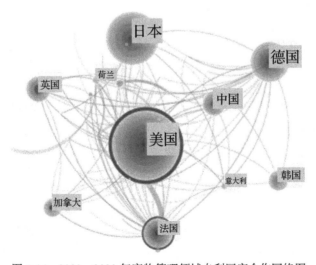

图 5-14　2000～2020 年废物管理领域专利国家合作网络图

5.4.3 研发强国主要聚焦供电系统和物质分离

2000～2020 年拥有高被引专利五大国侧重的技术领域较为相似（表 5-6），大多数集中在供电系统和物质分离两方面。同时，美国、日本、德国涉及排气装置技术领域，而中国则唯一涉及了家庭垃圾收集与清除技术领域。

表 5-6　2000～2020 年各国废物管理领域高被引专利授权量

国家	IPC 号	专利授权量/项	所属技术领域
美国	H02J7/00	2362	供电系统
	B01D46/00	530	物质分离
	F01N3/00	508	排气装置
	B01D53/22	402	物质分离
	B01D53/02	280	物质分离
日本	H02J7/00	1313	供电系统
	F01N3/00	317	排气装置
	H01M10/46	109	供电系统
	H01M10/44	93	供电系统
	B01D46/00	86	物质分离
德国	H02J7/00	200	供电系统
	B01D46/00	121	物质分离
	F01N3/00	113	排气装置
	F01N3/28	53	排气装置
	B01D50/00	53	物质分离
中国	H02J7/00	564	供电系统
	H01M10/46	55	供电系统
	H01M10/44	35	供电系统
	B01D46/00	25	物质分离
	B65F1/16	14	家庭垃圾收集与清除
韩国	H02J7/00	462	供电系统
	H01M10/44	48	供电系统

续表

国家	IPC 号	专利授权量/项	所属技术领域
	H01M10/46	43	供电系统
韩国	B01D46/00	41	物质分离
	B01D50/00	34	物质分离

5.4.4　美国专利质量引领，同时日本、德国、中国和韩国跟随

废物管理领域专利授权量排前五位的国家有美国、日本、德国、中国和韩国（图 5-15）。通过选用测算指标——专利质量=专利授权量×（专利 3 年被引频次+1），对五国的技术实力进行比较，发现 2018 年及其后两年被引频次并不完整，本节重点分析 2000～2017 年的竞争格局。对 2000～2017 年各国专利质量进行统计汇总（图 5-15），美国在 18 年间保持废物管理领域专利质量第一的水平，然而自 2015 年起该领域专利质量有较大幅度的下滑。日本、德国、中国、韩国间的差距并不明显。

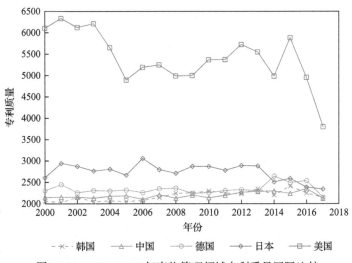

图 5-15　2000～2017 年废物管理领域专利质量国际比较

5.4.5　高频关键词聚焦内燃机、废气和热交换机

废物管理领域排前 10 位的关键词是 "fluid communication"（流体连通）、"present invention"（本发明）、"heat exchanger"（热交换器）、"combustion chamber"（燃烧室）、"exhaust gas"（废气）、"motor vehicle"（汽车）、"catalytic converter"（催

化转换器）、"exhaust system"（排气系统）、"exhaust gases"（废气）、"internal combustion engine"（内燃机）等（图 5-16）。

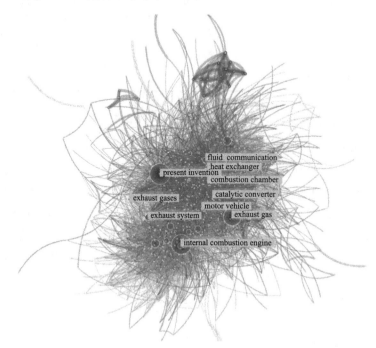

图 5-16　废物管理领域专利热点关键词

5.5　农林业领域：总量先增后减，聚焦农药替代品研发

5.5.1　农林业领域绿色低碳技术经历增长与波动下降

为了刻画农林业领域专利研发的演进态势，本节根据世界知识产权组织确定的"农林业"的 IPC 号，在智慧芽和大为专利数据库中进行检索，选择 2000～2020 年的研发技术专利数据，挖掘全球发展态势。如图 5-17 所示，2000～2008 年农林业领域出现了少量专利，并在 2003 年和 2006 年达到专利授权量的小高峰，其中 2006 年授权量增加且当年《新牛津美国字典》将碳中和评为当年年度词汇；2008～2018 年农林业领域技术专利出现了井喷式增长，同时波动起伏，2013 年拥有量达到顶峰，其间全球变暖问题受到关注，同时 2015 年《巴黎协定》通过，2018 年《全球升温 1.5℃特别报告》明确了"碳中和"的定义；2018 年以来农林业领域的专利授权量呈现下降趋势。

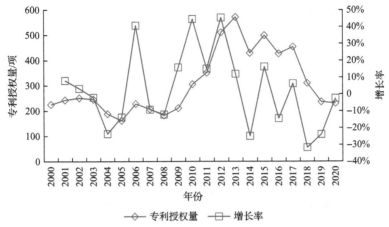

图 5-17　2000～2020 年农林业领域专利授权量趋势图

5.5.2　美国保持领先的同时德国、日本、法国和英国增长缓慢

2000～2020 年农林业领域授权的研发技术专利排前 10 位国家的数据如表 5-7 所示。美国在农林业领域授权的技术专利最多，德国、日本、法国、英国分别排在第 2～5 位，瑞士、中国、加拿大、韩国、以色列依次排在第 6～10 位。从高被引专利数来看，排名前五的国家分别为美国、德国、日本、英国和加拿大。从平均被引频次来看，排名前五的国家分别为法国、美国、瑞士、德国和加拿大。从平均专利价值来看，排名前五的国家分别为瑞士、日本、英国、德国和美国。

表 5-7　2000～2020 年各国农林业领域专利情况

国家	美国	德国	日本	法国	英国	瑞士	中国	加拿大	韩国	以色列
专利授权量/项	3615	524	462	225	219	174	166	159	127	116
高被引专利数/项	1301	111	93	32	62	41	44	54	31	25
平均被引频次/次	4	3	1	6	1	4	2	3	1	1
平均专利价值/美元	146	185	191	141	189	211	117	137	117	110

美国在农林业领域的专利授权量一直保持领先地位，德国、日本、法国、英国的专利授权量并没有太大变化（图 5-18）。总体来看，农林业领域专利的增长主要由美国专利授权量的增长主导，其他国家的年度专利授权量几乎没有增长趋势。

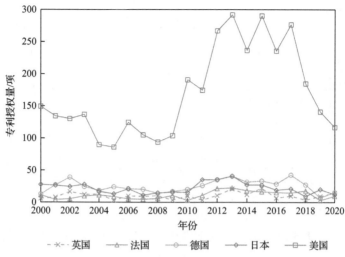

图 5-18　2000～2020 年各国农林业领域专利授权量趋势图

5.5.3　农药替代品是农林业领域重点技术研发方向

A01N63 的专利授权量最多，高达 1741 项，其所属技术领域为农药替代品，如表 5-8 所示，主要聚焦杀生物剂、驱虫剂、引诱剂或植物生长调节剂（如酶或发酵物）的研发；从所属技术领域来看，专利拥有量排前 10 位的专利中，属于农药替代品技术领域的 IPC 号有 9 个，替代灌溉技术仅有 1 个，揭示近年来农药替代品是农林业绿色低碳技术领域的重点研发方向。

表 5-8　2000～2020 年农林业领域专利统计表

IPC 号	专利授权量/项	所属技术领域	含义
A01N63	1741	农药替代品	杀生物剂、驱虫剂、引诱剂或植物生长调节剂，如酶或发酵物
A01N65	1132	农药替代品	含有藻类、地衣、苔藓、多细胞真菌或植物材料，或其提取物的杀生剂、害虫驱避剂或引诱剂，或植物生长调节剂
A01N25	778	农药替代品	以其形态、非有效成分或使用方法为特征的杀生剂、害虫驱避剂或引诱剂，或植物生长调节剂；用以减低有效成分对害虫以外的生物体的有害影响的物质
A01N43	467	农药替代品	含有杂环化合物的杀生剂、害虫驱避剂或引诱剂，或植物生长调节剂
A01N59	390	农药替代品	含有元素或无机化合物的杀生剂、害虫驱避剂或引诱剂，或植物生长调节剂
A01N45	196	农药替代品	含有 3 个或更多的自相稠合的碳环，至少 1 个环不是六元环的有机化合物的杀生剂、害虫驱避剂或引诱剂，或植物生长调节剂

IPC 号	专利授权量/项	所属技术领域	含义
A01N37	191	农药替代品	含有机化合物的杀生剂、害虫驱避剂或引诱剂，或植物生长调节剂
A01N57	182	农药替代品	含有有机磷化合物的杀生剂、害虫驱避剂或引诱剂，或植物生长调节剂
A01G25	175	替代灌溉技术	花园、田地、运动场等的浇水装置
A01N53	156	农药替代品	含有环丙烷羧酸或其衍生物的杀生剂、害虫驱避剂或引诱剂，或植物生长调节剂

5.5.4　农林业领域美国形成合作网络中心

2000～2020 年农林业领域专利国家合作网络图如图 5-19 所示，美国和德国合作最为紧密。

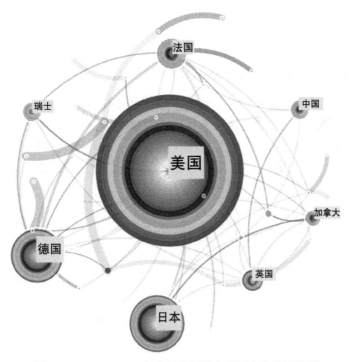

图 5-19　2000～2020 年农林业领域专利国家合作网络图

5.5.5　高频关键词聚焦无公害农药及活性剂水溶液

农林业领域的专利研发主要关注能够引起微生物免疫反应的无公害农药以及促进植物生长的活性剂水溶液(图 5-20)。

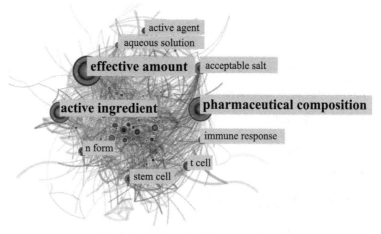

图 5-20　农林业领域专利热点关键词

5.6　核能领域：聚焦技术装置改进及核反应安全防范

5.6.1　核能领域技术研发呈现波动增长趋势

为了刻画核能领域专利研发的演进态势，本节根据世界知识产权组织确定的"核能"的 IPC 号，在智慧芽和大为专利数据库中进行检索，选择 2000～2020 年的研发技术专利数据，挖掘全球发展态势。如图 5-21 所示，2000～2007 年，核能

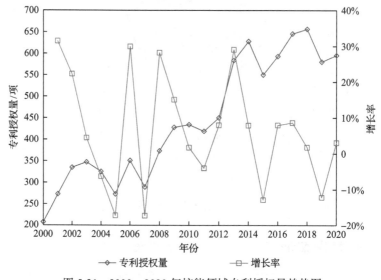

图 5-21　2000～2020 年核能领域专利授权量趋势图

领域专利授权量呈现波动增长趋势，并在 2003 年和 2006 年达到专利授权量的小高峰。2008～2014 年，核能领域专利授权量增速加快并在 2014 年达到授权量高峰，尤其是 2012～2014 年，授权量增速最快。2015～2020 年，核能领域专利授权量增速放缓，在 2018 年达到授权量顶峰后稍有回落。

5.6.2　核能领域技术研发美国保持领先地位

2000～2020 年核能领域专利授权量最多的国家中除中国外均为发达国家，如表 5-9 所示。美国、日本、德国、法国核能领域的专利授权量最多，且美国的核能领域专利授权量为日本的两倍多，韩国、荷兰、英国、瑞典、中国、加拿大的核能领域专利授权量依次递减。从平均被引频次来看，排名前三的国家分别为美国、日本和荷兰。从平均专利价值来看，排名前三的国家分别为荷兰、加拿大和法国。

表 5-9　2000～2020 年各国核能领域专利情况

国家	美国	日本	德国	法国	韩国	荷兰	英国	瑞典	中国	加拿大
专利授权量/项	4057	1732	946	789	317	242	213	198	186	121
平均被引频次/次	2.6	1.9	1.1	0.4	0.6	1.8	1.6	1.6	1.0	1.6
平均专利价值/美元	53.2	50.1	43.4	65.8	29.1	101.6	47.5	37.2	52.2	85.0

美国在核能领域的专利授权量最多，且一直远超其他国家；其他国家的核能领域专利授权量呈现缓慢增长趋势，如图 5-22 所示。总体来说，美国在核能技术领域一直处于领先地位，其他国家在该领域的发展较为平缓。

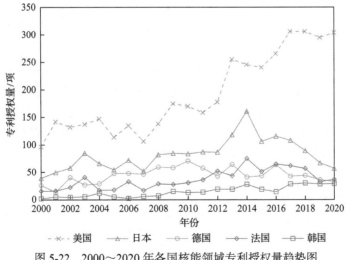

图 5-22　2000～2020 年各国核能领域专利授权量趋势图

5.6.3　研发强国聚焦核反应技术装置改进及核反应安全防范

2000～2020 年获得授权最多的核能领域专利是 G21K5/04，高达 366 项，其所属的技术领域为粒子照射装置，如表 5-10 所示。核能领域授权量最多的前 10 个专利中，有 4 个属于粒子或电离辐射的处理技术，1 个为核反应堆监视、测试方面的专利，揭示近年来各国增强了对于核电安全方面的关注，加强了对于核反应过程中产生辐射的处理及核反应过程的监视研究。同时，还有 3 个属于粒子照射装置方面的专利，1 个为外 γ 射线或 X 射线显微镜相关专利，1 个为用于将粒子或电离辐射的空间分布转换成可见图像的转换屏幕的相关专利。总体来看，授权最多的核能领域专利多为核反应过程中涉及的技术及设备方面的，也有核反应的监视测试等涉及核反应安全方面的。

表 5-10　2000～2020 年核能领域专利统计表

IPC 号	专利授权量/项	所属技术领域
G21K5/04	366	粒子照射装置
G21K1/00	357	粒子或电离辐射的处理技术
G21K5/10	341	粒子照射装置
G21K1/02	313	粒子或电离辐射的处理技术
G21K1/06	283	粒子或电离辐射的处理技术
G21C17/00	259	核反应堆监视、测试
G21K5/00	255	粒子照射装置
G21K7/00	217	外 γ 射线或 X 射线显微镜
G21K1/04	215	粒子或电离辐射的处理技术
G21K4/00	205	用于将粒子或电离辐射的空间分布转换成可见图像的转换屏幕

研发实力排前五位的国家拥有的核能领域专利，均涉及核反应过程中的技术装置创新及核反应安全防范方面，如核反应过程的"粒子或电离辐射的处理装置""核反应堆监视、测试""结构上和反应堆相结合的紧急保护装置"，如表 5-11 所示。同时，大多数国家的核能研究机构也关注核反应照射装置。

表 5-11　2000～2020 年各国核能领域专利统计表

国家	IPC 号	专利授权量/项	所属技术领域
美国	G21K1/00	176	粒子或电离辐射的处理装置
	G21K1/02	154	粒子或电离辐射的处理装置

续表

国家	IPC 号	专利授权量/项	所属技术领域
美国	G21K5/10	146	核反应照射装置
	G21C17/00	144	核反应堆监视、测试
	G21K5/04	116	核反应照射装置
日本	G21K5/04	131	核反应照射装置
	G21K7/00	109	外 γ 射线或 X 射线显微镜
	G21K5/10	100	核反应照射装置
	G21K4/00	97	将粒子或电离辐射的空间分布转换屏幕
	G21K1/00	71	粒子或电离辐射的处理装置
德国	G21K1/06	61	粒子或电离辐射的处理装置
	G21K1/02	54	粒子或电离辐射的处理装置
	G21K5/04	48	粒子照射装置
	G21K1/00	47	粒子或电离辐射的处理装置
	G21K1/04	42	粒子或电离辐射的处理装置
法国	G21F9/00	27	放射性污染材料处理及去污装置
	G21C17/00	24	核反应堆监视、测试
	G21C19/00	21	在反应堆压力容器中处理、装卸或简化装卸燃料或其他材料的设备
	G21C19/46	21	在反应堆压力容器中处理、装卸或简化装卸燃料或其他材料的设备
	G21C17/06	19	核反应堆监视、测试
韩国	G21C15/18	26	装有堆芯的压力容器中的冷却装置；特殊冷却剂的选择
	G21C3/34	12	反应堆燃料元件及其组装；用作反应堆燃料元件的材料的选择
	G21C9/00	12	结构上和反应堆相结合的紧急保护装置
	G21K5/10	12	核反应照射装置
	G21K5/04	11	核反应照射装置

5.6.4 核能研发国际合作美国、日本关系最为密切

2000~2020 年核能领域专利国家合作网络图如图 5-23 所示，呈现以美国、日本、德国、法国为中心的合作网络。其中，美国、日本两国的合作关系最为密切，表现为两国机构的技术交流较多，促进了双方在核能领域的专利产出。

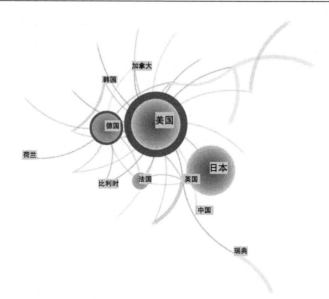

图 5-23　2000~2020 年核能领域专利国家合作网络图

5.6.5　热点关键词聚焦核反应安全、核反应材料及装置研发

核能领域专利热点关键词主要集中于核反应安全、核反应材料及装置改进方面，如图 5-24 所示。近年来放射性废弃物的处理日益受到学者的关注，特别是核反应粒子束及冷却剂的改进受到研发者的关注。

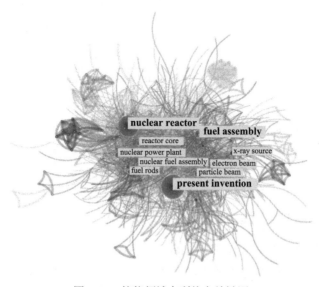

图 5-24　核能领域专利热点关键词

5.7　行政监管设计领域：中美领先，美日为国际合作中心

5.7.1　行政监管设计领域的专利研发呈现波动增长态势

为了刻画行政监管设计领域专利研发的演进态势，本节根据世界知识产权组织确定的"行政监管设计"的 IPC 号，在智慧芽和大为专利数据库中进行检索，选择 2000～2020 年的研发技术专利数据，挖掘全球发展态势。如图 5-25 所示，2000～2008 年，行政监管设计领域出现了少量专利，2008 年国际金融危机导致专利授权量逐渐上涨，并在 2014 年和 2020 年达到专利授权量的高峰。2014 年，全球变暖问题愈发严峻；2015 年美国经济紧缩，金融压力巨大，专利授权量跌入低谷。同年《巴黎协定》通过，美国积极立法，制定一系列减排措施，相关绿色低碳技术专利授权量快速回升。2020 年，中国提出了"绿色新基建"概念，专利授权量在当年出现大幅增长，逐渐缩小与美国的差距。

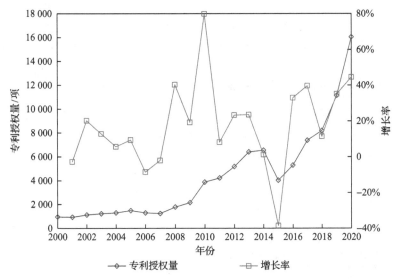

图 5-25　2000～2020 年行政监管设计领域专利授权量趋势图

5.7.2　中美专利研发保持引领的同时日本、德国和韩国紧随

美国、中国、日本、德国、韩国的专利授权量如图 5-26 所示。在行政监管设计领域，中国和美国的专利授权量保持领先地位。2015 年之前，美国的专利授权量排名第一，且与其他国家差异明显，2015 年后，中国的专利授权量飞速增长，分别在 2016 年和 2020 年稍微超过美国，在 2019 年呈现爆发式增长。相比而言，

日本、德国、韩国的专利授权量较少，随时间变化趋势不明显，且彼此差异不大。长远来看，在行政监管设计领域，中国的专利授权量增长显著，不断显现出强大的竞争力。

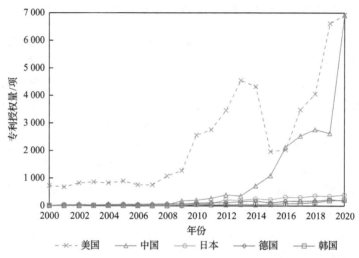

图 5-26　2000～2020 年各国行政监管设计领域专利授权量趋势图

5.7.3　技术研发聚焦人工智能商业模式、电子商务和管理系统

行政监管设计领域专利授权量排前 10 位的专利类目集中在 G 组，如图 5-27 所示。从专利的 IPC 号分布来看，专利授权量最多的 IPC 号是 G06Q30/00，所属技术领域为商业，如购物或电子商务。

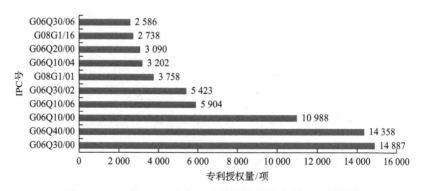

图 5-27　2000～2020 年行政监管设计领域专利 IPC 号统计

专利授权量排前 10 位的专利中，行政、商业、金融、管理、监督或预测目的的数据处理系统或方法方面的 IPC 号有 8 个，交通控制系统方面的 IPC 号有 2 个，如表 5-12 所示。近年来，各国在行政监管设计绿色低碳技术领域最关注的是

行政、商业、金融、管理、监督或预测目的的数据处理系统或技术方法研发，侧重于人工智能领域的商业模式、电子商务和管理系统的技术研发。

表 5-12　2000～2020 年行政监管设计领域专利统计表

IPC 号	专利授权量/项	所属技术领域
G06Q30/00	14 887	商业，如购物或电子商务
G06Q40/00	14 358	金融；保险；税务策略；公司或所得税的处理
G06Q10/00	10 988	行政；管理
G06Q10/06	5 904	资源、工作流、人员或项目管理，如组织、规划、调度或分配时间、人员或机器资源；企业规划；组织模型
G06Q30/02	5 423	行销，如市场研究与分析、调查、促销、广告、买方剖析研究、客户管理或奖励；价格评估或确定
G08G1/01	3 758	检测要统计或要控制的交通运动
G06Q10/04	3 202	预测或优化，如线性规划、"旅行商问题"或"下料问题"
G06Q20/00	3 090	支付体系结构、方案或协议
G08G1/16	2 738	防撞系统
G06Q30/06	2 586	购买、出售或租赁交易

5.7.4　研发合作网络呈现美国、日本中心化以及美国、德国联系密切趋势

2000～2020 年行政监管设计领域专利国家合作网络图如图 5-28 所示，主要以美国和日本为中心，其中美国、德国两国的合作关系最为密切。

图 5-28　2000～2020 年行政监管设计领域专利国家合作网络图

5.7.5 高频关键词聚焦以金融、商业、电子商务为核心的数据系统

行政监管设计领域专利热点关键词如图 5-29 所示，聚焦计算机系统、用户接口、计算机程序编程、支付系统、图形用户界面、电脑执行方法、支付信息、金融交易、服务、方法系统、计算机网络、通信网络、交易信息等方面，表明该领域重点关注以金融、商业、电子商务为核心的数据系统方面的专利技术研发。

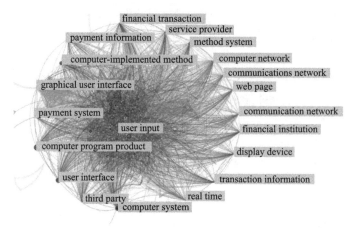

图 5-29　行政监管设计领域专利热点关键词

第6章 中国绿色低碳技术发展格局特色

中国实现"双碳"目标需要比西方国家在更短的时间内达成,面临的碳减排任务异常艰巨,亟须提前部署各项技术来满足碳中和需求的快速减排行动。目前能源活动碳排放占到全社会碳排放的近90%,本章重点围绕近年来全国和五大发电集团的绿色低碳技术专利研发态势,从技术差距方面对中国绿色低碳技术产业的发展趋势进行研判。

6.1 绿色低碳技术迅猛发展形成国家电网合作中心

6.1.1 技术聚焦替代能源生产、节能和废物管理

本章根据世界知识产权组织确定的替代能源生产、交通运输、节能、废物管理、农林业、行政监管设计、核能等七大绿色低碳技术领域的 IPC 号,在智慧芽和大为专利数据库中进行检索,挖掘我国授权绿色低碳技术专利发展态势。由图 6-1 可以发现,我国 2011~2020 年绿色低碳技术专利布局主要集中在替代能源生产、节能和废物管理三大领域。由图 6-2 可知,中国核心绿色低碳技术专利中排名前三的分别为替代能源生产、废物管理和节能,同主要碳达峰国家布局的结构态势比较类似。同时,替代能源生产领域的占比为 50%,这有力地支撑了近年来中国可再生能源的快速发展。

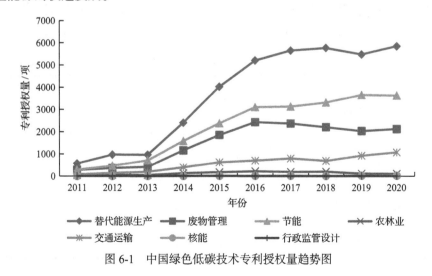

图 6-1 中国绿色低碳技术专利授权量趋势图

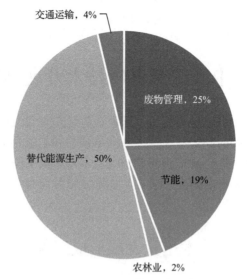

图 6-2　中国核心绿色低碳技术专利布局统计图

6.1.2　核能技术突破显著呈现"广而不精"

中国核能授权的绿色低碳技术专利颠覆性程度如表 6-1 所示，可以发现，核能领域的颠覆性最高，而节能领域的颠覆性最低。揭示中国在核能领域的技术水平有所突破，但在增长速度最快的节能领域的技术研发仍存在广而不精的特征。因此，中国目前的绿色低碳技术布局仍有待完善，在替代能源生产、废物管理和节能等碳达峰核心技术领域的科研攻关仍有待加强。考虑到目前所面临的绿色低碳技术短板，中国在坚持走科技自强之路的同时，还应积极发展同国际社会的技术合作，如发展在替代能源生产领域的广泛合作，还可以寻求在废物管理及节能等其他技术领域的战略合作伙伴。

表 6-1　中国七大技术领域绿色低碳技术专利颠覆性统计表

技术领域	专利颠覆性	排序
核能	0.085 015	1
替代能源生产	0.021 971	2
农林业	0.020 969	3
废物管理	0.020 890	4
行政监管设计	0.016 960	5
交通运输	0.014 933	6
节能	0.005 771	7

6.1.3　机构研发合作以清华大学等高校和国家电网公司为中心

为深入分析中国绿色低碳技术研发机构之间的合作关系，构建绿色低碳技术专利权人的合作网络(图 6-3)。中国在绿色低碳技术专利方面的合作呈现出以众多高校和国家电网公司为中心的合作网络，其中，合作热度最高的两个中心点是清华大学和国家电网公司，此外，还存在以其他大学为中心的机构合作关系，如北京大学、上海交通大学、华中科技大学、东南大学、华南理工大学、中国科学院等。

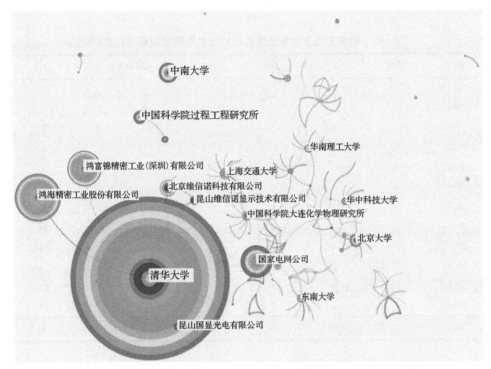

图 6-3　中国绿色低碳技术研发机构合作网络图

6.2　五大发电集团绿色低碳技术合作形成趋势

我国经济发展处于"能耗双控"向中期碳达峰和长期碳中和转型的关键时期，以煤电为主的电力系统成为"双碳"转型过程中关注的焦点。本节对五大发电集团［中国华能集团有限公司(简称华能)、中国华电集团有限公司(简称华电)、中国国电集团公司(简称国电[①])、中国电力投资集团公司(简称国家电投[②])、中国大唐集团有限公司(简称大唐)]的绿色低碳技术专利进行挖掘,凝练其在绿色低碳技术领域的专利研发演进态势和布局结构特征。

6.2.1 《巴黎协定》驱动绿色低碳技术研发快速提升

中国五大发电集团绿色低碳技术专利授权量呈现上升趋势,如表 6-2 所示。2016 年以来,研发力度均快速增强。其中,华能绿色低碳技术专利授权量最多,为 81 项,占比 41.3%;其余依次为大唐(39 项)、华电(34 项)、国电(31 项)和国家电投(11 项)。

表 6-2　中国五大发电集团绿色低碳技术专利授权量统计表(单位:项)

年份	华能	大唐	华电	国电	国家电投	总计
2003				2		2
2004				2		2
2009	1	1				2
2012	1	2		3		6
2013	6	1		3		10
2014	6	1	2	2		11
2015	4	5	4	5	2	20
2016	12	9	4	4	2	31
2017	15	4	8	5	2	34
2018	19	9	6	3	2	39
2019	10	5	5	1	1	22
2020	7	2	5	1	2	17
总计	81	39	34	31	11	196

6.2.2 聚焦替代能源生产、废物管理、节能和交通运输领域

根据世界知识产权组织确定的碳中和七大绿色低碳技术领域(替代能源生产、交通运输、节能、废物管理、农林业、行政监管设计和核能)的 IPC 号,对五大发电集团授权的绿色低碳技术专利进行分类统计,如表 6-3 所示。分领域看,五大发

① 2017 年 8 月,经国务院批准,中国国电集团公司与神华集团有限责任公司合并重组为国家能源投资集团有限责任公司,为了便于读者阅读,本书将研究时间段内的中国国电集团公司和国家能源投资集团有限责任公司统称为国电。

② 2015 年 5 月,经国务院批准,中国电力投资集团公司与国家核电技术有限公司合并重组为国家电力投资集团公司,为了便于读者阅读,本书将研究时间段内的中国电力投资集团公司和国家电力投资集团公司统称为国家电投。

电集团的绿色低碳技术专利均分布于替代能源生产、废物管理、节能和交通运输四大领域，且在 2016～2020 年主要以替代能源生产领域的专利为主。另外，华能在替代能源生产、废物管理和节能三大领域的专利总量均排名第一，国电在交通运输领域排名第一。

表 6-3　中国五大发电集团绿色低碳技术领域专利授权量（单位：项）

技术领域	华能	大唐	华电	国电	国家电投	总计
替代能源生产	46	22	20	12	4	104
废物管理	20	7	6	8	5	46
节能	13	7	7	7	2	36
交通运输	2	3	1	4	0	10
农林业	0	0	0	0	0	0
行政监管设计	0	0	0	0	0	0
核能	0	0	0	0	0	0
总计	81	39	34	31	11	196

五大发电集团的绿色低碳技术专利均主要集中在替代能源生产领域，如表 6-4 所示。其中，华能和国电主要关注电能储存、碳捕集和封存与利用太阳能生产机械能的技术研发；大唐和华电均关注电能储存和固体废物利用的技术研发；国家电投主要关注电能储存、多个太阳能电池的组件以及反应堆泄漏时防止放射性污染的方法的技术研发。

表 6-4　中国五大发电集团替代能源生产专利 IPC 统计表

发电企业	IPC 号	专利授权量/项	含义	技术领域
华能	H01M8	13	非活性零件	替代能源生产
	H02J3	13	电能储存	节能
	B01D53	12	碳捕集和封存	废物管理
	F03G6	7	利用太阳能生产机械能	替代能源生产
	F03B15	3	机器或发动机的调节、控制或安全装置	替代能源生产
大唐	H02J3	6	电能储存	节能
	B09B3	6	固体废物利用	替代能源生产
	F03D1	4	太阳能上升气流塔	替代能源生产
	C10J3	3	气化装置的设计	运输
	F03B15	3	机器或发动机的调节、控制或安全装置	替代能源生产

发电企业	IPC 号	专利授权量/项	含义	技术领域
华电	H02J3	7	电能储存	节能
	F01K17	4	蒸汽机厂的管理	替代能源生产
	F01K27	4	产生机械能	替代能源生产
	B09B3	4	固体废物利用	替代能源生产
	B01D50	2	从气体或蒸汽中分离分散的颗粒	废物管理
国电	H02J3	7	电能储存	节能
	C10J3	4	气化装置的设计	运输
	H01L31	4	多个太阳能电池的组件	替代能源生产
	B01D53	3	碳捕集和封存	废物管理
	F03G6	3	利用太阳能生产机械能	替代能源生产
国家电投	G21C13	5	反应堆泄漏时防止放射性污染的方法	废物管理
	H01L31	4	多个太阳能电池的组件	替代能源生产
	H02J3	2	电能储存	节能

6.2.3　校企合作强度和深度需要持续提升

　　五大发电集团的绿色低碳技术专利校企合作情况如表 6-5 所示。发现除华电外，其余四大发电集团在绿色低碳技术专利的校企合作研发中均呈现少而精的特点。华能主要在节能领域与清华大学(1 项)和西安理工大学(2 项)进行合作；大唐主要在废物管理领域与中国矿业大学(1 项)进行合作；国电主要在交通运输领域与华北电力大学(1 项)与西安交通大学(1 项)进行合作；国家电投主要在替代能源生产领域与西安电子科技大学(1 项)进行合作。遗憾的是，各企业的最大价值专利并非由校企合作产生，而是各自独立研发，说明校企合作研发的优势尚未显现。

表 6-5　中国五大发电集团绿色低碳技术专利校企合作情况统计表(单位：项)

所属技术领域	华能	大唐	华电	国电	国家电投	总计
废物管理	0	1	0	0	0	1
节能	3	0	0	0	0	3
替代能源生产	0	0	0	0	1	1
交通运输	0	0	0	2	0	2
总计	3	1	0	2	1	7

替代能源生产领域的最大价值专利由华电研发，名为"蒸汽驱动型串联式热泵余热回收方法及装置"；废物管理领域的最大价值专利由国家电投研发，名为"流量分配装置、反应器下部堆内构件和反应器"；节能领域最大价值专利由华电和国电研发，分别名为"一种分布式能量管理方法"和"一种用于解决低电压穿越的控制系统及其策略方法"；交通运输领域最大价值专利由国电研发，名为"生物质气化与燃煤发电锅炉的高效组合发电方法"，如表 6-6 所示。其中，价值最大的是国家电投研发的名为"流量分配装置、反应器下部堆内构件和反应器"的专利。因此，虽然华能的绿色低碳技术专利授权量排名第一，但其在专利价值方面的优势并不明显。

表 6-6　2001～2020 年中国五大发电集团最大价值绿色低碳技术专利情况统计表（单位：美元）

类别	华能	大唐	华电	国电	国家电投	最大价值
替代能源生产	150 000	170 000	190 000	130 000	36 000	190 000
废物管理	250 000	63 000	170 000	130 000	630 000	630 000
节能	220 000	78 000	230 000	230 000	48 000	230 000
交通运输	34 000	37 000	44 000	46 000		46 000
最大价值	250 000	170 000	230 000	230 000	630 000	630 000

分企业来看，华能的最大价值专利位于废物管理领域，名为"一种可以同时实现高效除尘脱汞的烟气净化系统"；大唐的最大价值专利位于替代能源生产领域，名为"一种利用煤矸石制备拟薄水铝石联产白炭黑的方法"；华电的最大价值专利位于节能领域，名为"一种分布式能量管理方法"；国电的最大价值专利位于节能领域，名为"一种用于解决低电压穿越的控制系统及其策略方法"；国家电投的最大价值专利位于废物管理领域，名为"流量分配装置、反应器下部堆内构件和反应器"。

6.2.4　研发主题聚焦新能源发电和碳捕集、利用

本节通过统计不同技术领域的关键词词频得到热词云图，并通过调用 Python 的 Gensim 包中的 LdaModel 对不同技术领域的绿色低碳技术专利进行热词与主题聚类，结果如图 6-4 和表 6-7～表 6-10 所示。

从图 6-4 发现，替代能源生产领域的热词为发电、余热、回收、太阳能、光伏、装置、利用、电池、熔融、碳酸盐等；废物管理领域的热词为装置、烟气、二氧化碳、捕集、低温、再生、CO_2 等；节能领域的热词为机组、控制、动态、优化、发电、风电场等；交通运输领域的热词为气化、装置、气化炉、排渣、发电等。

(a) 替代能源生产

(b) 废物管理

(c) 节能

(d) 交通运输

图 6-4 中国五大发电集团绿色低碳技术专利分领域热词云图

表 6-7 替代能源生产领域绿色低碳技术专利主题聚类

主题	关键词和概率值						
1	太阳能	发电	电池	余热	热	燃煤	燃料电池
	0.057	0.049	0.034	0.023	0.018	0.018	0.015
2	利用	燃料电池	叶片	综合	光伏	余热	熔融
	0.027	0.020	0.020	0.020	0.016	0.014	0.014
3	太阳能	余热	回收	熔融	燃料电池	碳酸盐	发电
	0.037	0.023	0.020	0.020	0.019	0.019	0.019
4	装置	光伏	发电	电池	回收	结构	利用
	0.034	0.029	0.026	0.020	0.020	0.018	0.018
5	控制	燃料电池	碳	堆	碳酸盐	熔融	太阳能
	0.030	0.022	0.015	0.015	0.014	0.014	0.012

表 6-8　废物管理领域绿色低碳技术专利主题聚类

主题	关键词和概率值						
1	烟气	中	捕集	CO_2	二氧化碳	IGCC	尾气
	0.040	0.032	0.032	0.032	0.022	0.022	0.022
2	烟气	工艺	组件	改变	压力	高效	联合
	0.038	0.026	0.025	0.025	0.025	0.025	0.025
3	装置	焦	绝热	焚烧	解吸	低温	甲醇
	0.089	0.027	0.027	0.027	0.027	0.027	0.027
4	捕集	二氧化碳	吸收剂	浓缩	变温	装置	低温
	0.062	0.062	0.047	0.032	0.032	0.018	0.018
5	中	设备	提高	物	滞留	熔融	压水堆
	0.022	0.022	0.022	0.022	0.022	0.022	0.022

注：IGCC 表示整体煤气化联合循环（integrated gasification combined cycle）

表 6-9　节能领域绿色低碳技术专利主题聚类

主题	关键词和概率值						
1	控制	负荷	动态	无功	风电场	机组	补偿
	0.068	0.037	0.024	0.024	0.024	0.024	0.024
2	分配	优化	机群	有功	模型	功率	风电
	0.038	0.037	0.037	0.021	0.021	0.02	0.02
3	控制	动态	发电	控制系统	优化	发电厂	运行
	0.047	0.032	0.031	0.029	0.018	0.017	0.017
4	优化	发电厂	分布式	有功	风电场	穿越	发电
	0.019	0.019	0.019	0.019	0.019	0.019	0.019
5	控制	发电机组	组合	机组	电网	控制系统	运行
	0.028	0.027	0.027	0.027	0.021	0.015	0.015

表 6-10　交通运输领域绿色低碳技术专利主题聚类

主题	关键词和概率值						
1	气化炉	装置	氮气	加压	碎煤	扫	吹
	0.070	0.070	0.070	0.070	0.069	0.069	0.012
2	吹灰	发电	装置	气化	气化炉	气流	床
	0.078	0.078	0.064	0.059	0.043	0.043	0.043
3	煤气化	工艺	造粒	炉渣	熔渣	制备	煤气
	0.059	0.059	0.059	0.059	0.059	0.059	0.038
4	炉	气化	装置	发电	床	气流	燃煤
	0.056	0.031	0.031	0.031	0.031	0.031	0.031
5	排渣	设备	气化炉	固态	发电	气化	生物质
	0.196	0.074	0.074	0.074	0.013	0.013	0.013

从表 6-7~表 6-10 获悉，替代能源生产领域专利的主题可以概括为新能源发电，包括太阳能发电、燃料电池、熔融碳酸盐材料、余热利用；废物管理领域专利的主题可以概括为碳捕集、利用与封存，包括二氧化碳捕集、脱硫脱碳与吸收装置；节能领域专利的主题可以概括为机组与电网节能控制，包括机组控制、动态优化、分布式发电与电网控制；交通运输领域专利的主题可以概括为气化炉及废气废物处理装置，包括气化炉、废气处理装置与排渣设备。

6.3 中国绿色低碳技术走向主导的实现策略

6.3.1 发挥智能电网领域技术研发独特优势

随着能源科技的进步，中国在绿色低碳技术领域取得一系列重大突破，能源技术产业的国际竞争力明显提升。从技术水平看，中国的绿色低碳技术专利授权量居世界前列，但是前沿的绿色低碳技术主要集中在美国、欧洲、日本。中国煤炭清洁高效利用、可再生能源配套支撑领域（如能源互联网）接近一半的技术与世界主要发达国家保持同步。中国能源技术总体处于世界并跑水平，在个别环节处于世界领先水平，但还不具备绝对优势。

支撑可再生能源规模化发展的配套绿色低碳技术中，高效大容量远距离输电技术方面是我国智能电网的重要研究领域，也是我国智能电网研发有别于国外智能电网的最大特色。但是，在大电网运行技术方面我国与国际先进水平相比仍有差距。国外智能电网建设的重点和核心在智能配用电技术领域，电动汽车充换电技术、分布式电源接入和微电网技术、智能用电技术等方面都领先于我国。

6.3.2 攻克储能瓶颈技术引导能源体系变革

中国的可再生能源技术在大多数环节处于世界领先水平，尤其是在光伏发电、风能发电技术方面，形成了成熟完整的产业体系。从装机增长速度来看，我国风电和光伏发电具有替代大比例燃煤发电的潜力，但是在尖端可再生能源装备及材料方面，与先进工业国家相比，存在较大差距。

在储能、氢能以及可再生能源配套支撑技术领域，如能源互联网领域，产业化水平均不高，一部分还处在实验室、小试或中试阶段。从发展潜力来看，氢能及其利用技术的发展未来有可能带来能源体系的变革。包括我国在内的大部分国家在氢能燃料电池技术领域，尤其是在成本和寿命方面仍面临商业化应用的瓶颈。目前我国能源化利用的氢能还比较少，主要用于工业领域。电化学储能技术发展仍需降低成本和提高能效，亟须不断提升技术能力。中国绿色低碳技术总体产业化阶段的比例要低于国际水平，随着能源体系变革的不断演进，能源技术水平的先进性，将转化为影响世界能源格局乃至引领世界产业变革的能力。

6.3.3　创新绿色低碳技术国际研发合作机制

我国碳中和时间紧、任务重，亟须做好绿色低碳技术研发战略部署。过去十年我国在绿色低碳技术研发方面取得了突破式进展，但同欧美发达国家的技术水平相比仍存在差距。我国可在《联合国气候变化框架公约》下加强同欧盟、美国、日本、韩国等发达经济体在氢能、储能及 CCUS 等绿色低碳技术领域的合作，通过引入成熟技术提升中国可再生能源发电效率；同时依托"一带一路"推动建立能源技术合作网络，支持各国可再生能源技术研发深入发展。特别地，我国必须全面评价欧美发达国家技术封锁对我国能源技术安全的影响，基于底线思维制定不同情况下的应急预案，最小化国外技术供应波动带来的冲击。

随着新一轮技术革命和世界能源转型进程的加快，在低碳能源关键核心技术领域的国际竞争态势更加明显，发达国家的技术封锁对发展中国家的碳减排进程造成极大冲击。面对国内创新链技术研发和产业链成果转化的脱节困境，可基于企业布局搭建创新联合体对绿色低碳技术创新生态进行重塑，提升中国在碳减排方面的能力和潜力，加快我国绿色低碳技术领域的技术研发和大规模市场应用。同时，以创新联合体为依托，加快形成"清洁煤炭高效利用+CCUS""可再生能源发电+储能"等多套绿色低碳技术研发体系，为"双碳"目标下的能源转型提供多元实现策略。

推动市场机制由补贴向"配额+绿证"转变，助力清洁能源技术大规模市场化交易。我国在初期实行的上网电价补贴机制有效推动了清洁能源技术产业的快速发展，但也带来可再生能源补贴资金缺口过大的问题，对政府公信力及可再生能源企业电力生产构成威胁，需要对现行电力市场机制进行改革。政府可考虑在财政支持力度保持不变的情况下，由对可再生能源电价补贴转向对可再生能源科技创新补贴，通过促进企业之间的良性技术竞争，助力可再生能源技术实现新突破；特别地，应转变可再生能源上网补贴机制，推行"配额+绿证"市场机制，逐步放开绿证交易二级市场，在解决"三弃"问题的同时，提升可再生能源市场的灵活性。

第三篇
碳中和目标下我国电力系统低碳发展

第7章　新型电力系统支撑碳中和面临的机遇与挑战

电力是能源供给重要的承载体，对油气具有强替代性，大力发展电力在推动能源革命、支撑能源高质量发展、维护能源供给安全方面发挥着重要作用。2020年，电力和热力行业是中国二氧化碳排放最多的行业，占比高达53%，超过其他所有行业的总和。实现"双碳"目标，能源是主战场，电力是主力军，新型电力系统是关键载体。能源电力系统的安全高效、绿色低碳及数字化智能化技术创新已经成为全球发展趋势，并有力驱动全球能源向绿色低碳转型。充分发挥技术创新对电力系统转型升级的支撑作用，为社会经济快速发展和人民美好生活用电需求提供坚强保障。

本章从三个层面论述电力系统低碳发展面临的机遇与挑战：第一，中央各部门及省市政府制定系列相关规划，出台各类政策文件，引导碳中和目标下电力系统体制的不断深化完善，为低碳清洁新型电力系统的建设注入强劲推动力。第二，经济社会的电气化与数字化转型，推动电力需求的急剧增长。投资增长加快新型电力系统接纳大比例可再生能源，实现绿色低碳转型的同时，不确定性风险叠加诱发电力系统风险涌现，需要研究如何应对高不确定性下的复杂调控运行需求，维持系统的安全稳定。第三，科技创新突破是电力行业蓬勃发展的重要支撑。储能作为改善电能质量、维持电网稳定的"护航员"而备受关注，我国的储能技术研发进展火热，科研水平名列前茅，技术创新驱动新兴业态不断涌现，亟须大量资金投入研发以推动效能产业化发展。

7.1　碳中和目标下电力系统低碳转型迎来的机遇

7.1.1　政策驱动市场体制不断完善

1. 统一电力市场建设加快推进

2022年1月18日，《国家发展改革委　国家能源局关于加快建设全国统一电力市场体系的指导意见》指出，"到2025年，全国统一电力市场体系初步建成，国家市场与省(区、市)/区域市场协同运行，电力中长期、现货、辅助服务市场一体化设计、联合运营，跨省跨区资源市场化配置和绿色电力交易规模显著提高，有利于新能源、储能等发展的市场交易和价格机制初步形成。到2030年，全国统一电力市场体系基本建成，适应新型电力系统要求，国家市场与省（区、市）/区域市场联合运行，新能源全面参与市场交易，市场主体平等竞争、自主选择，电力资源在全国范围内得到进一步优化配置"。随后《关于进一步加快电力现货市场建设工作的通知》、新修订的《电力市场监管办法》和新修订的《电力市场运行基本规则》等一系列政策文件陆续发布，助推电力市场建设有序发展，统一市场基本交易规则和技术标准，初步形成主体多元、竞争有序的电力交易市场体系，推动统一电力市场体系交易机制的不断健全。

在电力市场实际交易层面，根据中国电力企业联合会统计，2022 年全国各电力交易中心累计组织完成市场交易电量 52 543.4 亿千瓦时，同比增长 39%，占全社会用电量比重为 60.8%，同比提高 15.4 个百分点。其中，跨省跨区市场化交易电量首次超 1 万亿千瓦时，同比增长幅度接近 50%。2022 年国家电网区域各电力交易中心累计组织完成市场交易电量 41 618.2 亿千瓦时，同比增长 42.7%，占该区域全社会用电量的比重为 60.8%。其中，北京电力交易中心组织完成省间交易电量合计为 9609 亿千瓦时，同比增长 50.6%。南方电网区域各电力交易中心累计组织完成市场交易电量 8536.3 亿千瓦时，同比增长 27.4%，占该区域全社会用电量的比重为 58.3%，其中广州电力交易中心组织完成省间交易电量合计为753.1 亿千瓦时，同比增长 27.6%。内蒙古电力交易中心累计组织完成市场交易电量 2388.9 亿千瓦时，同比增长 24.9%，占该区域全社会用电量的比重为 71.9%。

2. 辅助服务市场体系基本形成

2021 年 12 月 21 日，国家能源局对《并网发电厂辅助服务管理暂行办法》进行了修订，并将名称修改为《电力辅助服务管理办法》并印发，重点对辅助服务提供主体、交易品种分类、电力用户分担共享机制、跨省跨区辅助服务机制等进行了补充深化。

2023 年 2 月，国家能源局在例行发布会上提到，2022 年底我国电力辅助服务实现了六大区域、33 个省区电网的全覆盖，基本形成了统一的辅助服务规则体系。2022 年通过辅助服务市场化机制，全国共挖掘全系统调节能力超过 9000 万千瓦，年均促进清洁能源增发电量超过 1000 亿千瓦时；煤电企业因为辅助服务获得补偿收益约 320 亿元。有效激发了煤电企业灵活性改造的积极性，推动了煤电由常规主力电源向基础保障性和系统调节性电源并重转型。国家能源局将按照"以需求为导向、以转型为目标、以市场为抓手"的原则，针对电力辅助服务市场重点从进一步加大电力辅助服务市场建设力度、进一步拓展辅助服务覆盖广度、进一步挖掘辅助服务功能深度三个方面开展工作。

3. 绿色电力市场机制逐步健全

2022 年 2 月，南方区域各电力交易机构联合发布《南方区域绿色电力交易规则(试行)》，这是中国南方电网有限责任公司业务覆盖区域内绿色电力交易的首个细化规则性文件，该文件指出，"绿色电力的环境溢价，可以作为绿证认购交易的价格信号，形成的收益同步传至发电企业，不参与输配电损耗计算、不执行峰谷电价政策"，并明确了"适时引入分布式电源、电动汽车、储能等市场主体参与绿色电力交易"。2022 年 5 月，北京电力交易中心发布《北京电力交易中心绿色电力交易实施细则》，对绿电交易的机制、主体、流程细节进行了详细阐述。

2022 年 8 月 15 日，《国家发展改革委 国家统计局 国家能源局关于进一步做好新增可再生能源消费不纳入能源消费总量控制有关工作的通知》印发，指出"可再生能源绿色电力证书(以下简称'绿证')是可再生能源电力消费的凭证。各省级行政区域可再生能源消费量以本省各类型电力用户持有的当年度绿证作为相关核算工作的基准。企业可再生能源消费量以本企业持有的当年度绿证作为相关核算工作的基准"。2023 年 7 月，《国家发展改革委 财政部 国家能源局关于做好可再生能源绿色电力证书全覆盖工作 促进可再生能源电力消费的通知》印发，强调绿证是我国可再生能源电量环境属性的唯一证明，是认定可再生能源电力生产、消费的唯一凭证。

根据中国电力企业联合会统计，2022 年全国省内绿色电力交易 227.8 亿千瓦时。国家能源局数据显示，2022 年全年核发绿证 2060 万个，对应电量 206 亿千瓦时，较 2021 年增长 135%；交易数量达到 969 万个，对应电量 96.9 亿千瓦时，较 2021年增长 15.8 倍。截至 2022 年底，全国累计核发绿证约 5954 万个，累计交易数量1031 万个，有力推动了经济社会绿色低碳转型和高质量发展。

7.1.2　投资增长促进电力行业发展

根据中国电力企业联合会发布的中国电力行业年度发展报告数据，2022 年全国主要电力企业合计完成投资 12 470 亿元，比上年增长 15.6%。其中电源工程建设完成投资 7464 亿元，比上年增长 27.2%，电网工程建设完成投资5006 亿元，比上年增长 1.8%。2018~2022 年全国主要电力企业合计完成投资如图 7-1 所示。

2018~2022 年电源工程建设完成投资总体呈大幅增长趋势，而电网工程建设完成投资总体呈略微下降形势。2018~2019 年电网工程建设完成投资大于电源工程建设完成投资。2020 年起，电源工程建设完成投资赶上并反超电网工程

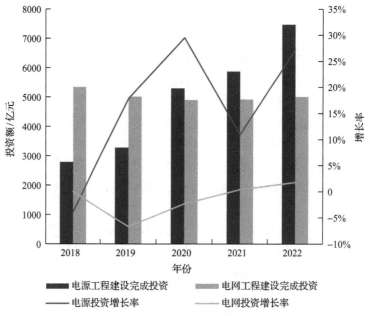

图 7-1　2018～2022 年全国主要电力企业完成投资情况

建设完成投资，2022 年电源工程建设完成投资占电力投资的比重为 59%，电网工程建设完成投资占电力投资的比重为 41%，网源投资差距再次明显拉大。

1. 电源侧投资增长引导装机容量持续提升

根据国家统计局发布的数据，2022 年全国发电装机容量 256 405 万千瓦，同比增长 7.8%。其中，火电装机容量 133 239 万千瓦，同比增长 2.7%；水电装机容量 41 350 万千瓦，同比增长 5.8%；风电装机容量 36 544 万千瓦，同比增长 11.2%；太阳能发电装机容量 39 261 万千瓦，同比增长 28.1%；核电装机容量 5553 万千瓦，同比增长 4.3%。2018～2022 年全国发电装机容量及增速如图 7-2 所示。

2018～2022 年全国发电装机容量持续增长，增速呈波动态势，但均在 5% 以上。2018～2019 年装机容量增速呈略微下降趋势。由于可再生能源发电的蓬勃发展，2020 年实现装机容量增速的大幅回升。2021～2022 年装机容量增速较为稳定。

对全国电源工程建设完成投资的数据进行细化，以 2022 年为例，其中，水电投资 872 亿元，比上年下降 25.7%；火电投资 895 亿元，比上年增长 26.4%；核电投资 785 亿元，比上年增长 45.7%；风电投资 2011 亿元，比上年下降 22.3%；太阳能发电投资 2865 亿元，比上年增长 232.7%。2018～2022 年各类型电源完成投资情况如图 7-3 所示。

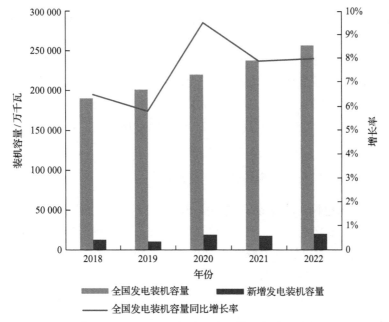

图 7-2 2018～2022 年全国发电装机容量及增速

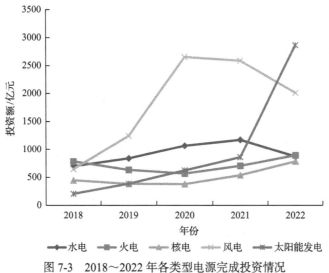

图 7-3 2018～2022 年各类型电源完成投资情况

2018～2022 年为积极推进碳中和目标的实现，我国新能源投资力度显著加大。受平价上网政策影响，2018～2021 年风电、太阳能发电投资猛增，2019 年、2020 年、2021 年风电和太阳能发电投资之和占电源投资总额的比重分别约为49.6%、61.9%、58.8%。风电投资呈先急剧增长后逐渐下降趋势，这是因为中央财政补贴取消，带动海上风电逐步转向市场化竞配、平价上网的新发展阶段，短期内对产业投资产生抑制作用，导致风电投资下降；太阳能发电投资始终呈增长趋势，且 2022 年的增长率高达 232.7%，这源于我国太阳能发电技术逐渐成熟、成本逐渐降低、市场潜力巨大等一系列因素。水电投资 2018~2021 年呈上升趋势，2022 年下降，这是因为白鹤滩水电站全部机组投产发电、金沙江下游水电基地全面建成，拉高了 2021 年同期对比基数，导致 2022 年水电投资下降。

2. 电网侧投资增长推动基础设施建设加快

2022 年全国电网工程建设完成投资 5006 亿元，比上年增长 1.8%。其中，直流工程投资 316 亿元，比上年下降 17.0%；交流工程投资 4505 亿元，比上年增长 3.7%，占电网总投资的 90.0%。2018~2022 年全国电网直流与交流工程建设完成投资情况如图 7-4 所示。

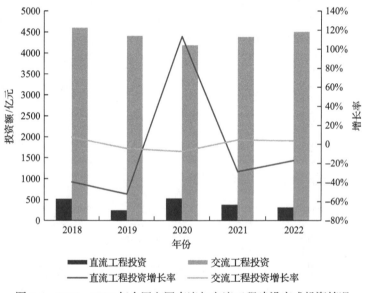

图 7-4　2018~2022 年全国电网直流与交流工程建设完成投资情况

2018~2022 年全国电网工程建设完成投资中交流工程投资始终处于主体地位，占比均在 80%以上，交流工程投资的波动幅度相对较小，维持在增减 10%的幅度以内，2021~2022 年交流工程投资保持增长。直流工程占比较低，但投资波动幅度较大，除了 2020 年有高达 113%的投资增长率外，其余年份投资均呈缩减趋势。2018~2022 年全国电网部分主要设施建设情况如图 7-5 所示。

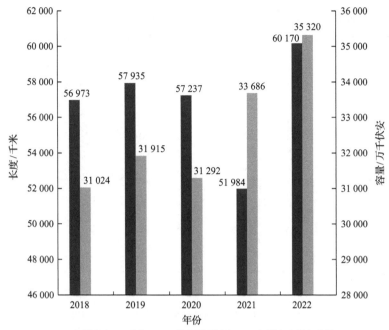

图 7-5　2018～2022 年全国电网部分设施建设情况

新增交流 110 千伏及以上输电线路长度在 2021 年达到低谷，但在 2022 年逆转，实现大幅增长，达到 2018～2022 年的最高值；新增变电设备容量从 2020 年开始总体呈增长趋势，2022 年也达到 2018～2022 年的峰值。

3. 储能侧投资增长促进容量规模飞速扩张

我国储能行业在传统行业增长缓慢的大背景下，仍然表现出十分强劲的发展势头。根据中国能源研究会储能专业委员会/中关村储能产业技术联盟全球储能项目库不完全统计，截至 2022 年底，我国已投运电力储能项目累计装机容量 5980 万千瓦，占全球市场总规模的 25%，同比增长 38.1%，保持全球领先地位。其中，抽水蓄能累计装机容量 4610 万千瓦，同比增长 24.6%；新型储能累计装机容量 1307.7 万千瓦，同比增长 128.2%。2018～2022 年全国已投运电力储能累计装机容量及增速如图 7-6 所示，2019～2022 年已投运电力储能累计装机容量增速实现三连升，2021 年增速为 21.6%，2022 年增速更是高达 38.1%，这得益于储能技术的飞速突破、市场潜力巨大、各项政策利好等诸多因素。

2021 年 7 月 19 日，《国家发展改革委　国家能源局关于加快推动新型储能发展的指导意见》印发，该意见提出：到 2025 年，实现新型储能装机规模达 3000 万千瓦以上。截至 2022 年底，全国共有 25 个省（自治区、直辖市）对"十四

五"时期新型储能装机目标做出了相关规划，如表 7-1 所示，各地规划的规模总
计超过 6700 万千瓦，已经远超文件中所定下的 3000 万千瓦的装机目标。

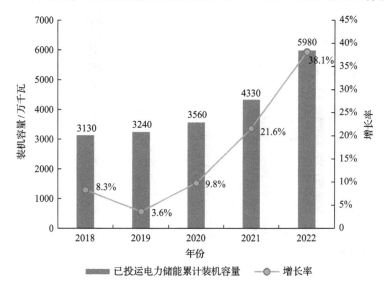

图 7-6　2018～2022 年全国已投运电力储能累计装机容量及增速

表 7-1　25 个省（自治区、直辖市）"十四五"时期新型储能装机目标

地区	政策文件	目标/万千瓦
青海	《青海省碳达峰实施方案》	600
甘肃	《甘肃省"十四五"能源发展规划》	600
山西	《山西省"十四五"新型储能发展实施方案》	600
内蒙古	《内蒙古自治区"十四五"电力发展规划》	500
宁夏	《宁夏"十四五"新型储能发展实施方案》	500
山东	《山东省新型储能工程发展行动方案》	500
河北	《河北省"十四五"新型储能发展规划》	400
安徽	《安徽省新型储能发展规划（2022—2025 年）》	300
浙江	《浙江省"十四五"新型储能发展规划》	300
广东	《广东省推动新型储能产业高质量发展的指导意见》	300
江苏	《江苏省"十四五"新型储能发展实施方案》	260
河南	《河南省碳达峰实施方案》	220
湖北	《湖北省能源发展"十四五"规划》	200
湖南	《湖南省电力支撑能力提升行动方案（2022—2025 年）》	200

续表

地区	政策文件	目标/万千瓦
四川	《四川省电源电网发展规划(2022—2025 年)》	200
云南	《云南省应对气候变化规划(2022—2025 年)》	200
广西	《广西壮族自治区碳达峰实施方案》	200
陕西	《关于征求陕西省 2022 年新型储能建设实施方案意见的函》	200
辽宁	《辽宁省"十四五"能源发展规划》	100
贵州	《贵州省碳达峰实施方案》	100
江西	《江西省碳达峰实施方案》	100
北京	《北京市碳达峰实施方案》	70
福建	《福建省推进绿色经济发展行动计划(2022—2025 年)》	60
天津	《天津市碳达峰实施方案》	50
吉林	《吉林省碳达峰实施方案》	25
总计		6785

7.1.3　储能创新驱动新兴业态涌现

储能是建设新型电力系统、推动能源绿色低碳转型的重要装备基础和关键支撑技术。储能技术创新推动国内能源新业态崛起,助力抢占国际战略制高点。"十三五"以来,我国储能行业整体处于由研发示范向商业化初期过渡的阶段,在技术装备研发、示范项目建设、商业模式探索、政策体系构建等方面取得了实质性进展,市场应用规模稳步扩大,对能源转型的支撑作用初步显现。

1. 储能技术研发获得突破

随着国家"双碳"目标和能源革命的全面推进,中国的储能技术和产业正在迅猛发展。储能行业取得了显著的进步,各种储能技术取得重要突破。陈海生等(2023)在 Web of Science 数据库中以"energy storage"为主题词统计了2022 年世界主要国家发表的关于储能技术的科学引文索引(Science Citation Index, SCI)论文数(图 7-7)。

2022 年,全球共发表储能技术相关 SCI 论文 27 882 篇。其中,中国、美国、印度、韩国、德国、英国、沙特阿拉伯、澳大利亚 8 个国家发表的 SCI 论文数均超过 1000 篇。2022 年,中国机构和学者在全世界储能领域发表了 13 941 篇 SCI 论文,保持全球领先地位,论文数占比高达 50%。中国保持了全球储能技术基础研究最活跃国家的地位,且领先程度进一步扩大。

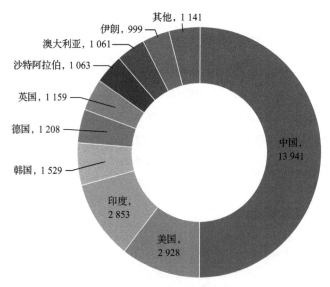

图 7-7　2022 年世界主要国家发表的关于储能技术的 SCI 论文数（单位：篇）

陈海生等（2023）在 Web of Science 数据库中以 "energy storage" 为主题词统计了 2022 年中国发表的关于储能技术的 SCI 论文数（图 7-8）。

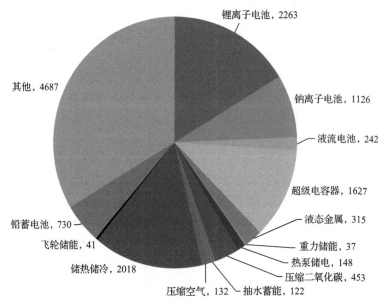

图 7-8　2022 年中国发表的关于储能技术的 SCI 论文数（单位：篇）

2022 年中国共发表关于储能技术的 SCI 论文 13 941 篇，其中关于储热储冷、锂离子电池、钠离子电池、超级电容器等技术的 SCI 论文均超过 1000 篇，这些技术均为当前我国储能领域基础研究的热门技术方向。热泵储电、压缩二氧化碳、重力储能等储能技术方面也发表了一定数量的 SCI 论文，这说明此类储能技术的研究已相当活跃。图 7-8 中所列出的所有单项技术，包括抽水蓄能、压缩空气、储热储冷、飞轮储能、锂离子电池、超级电容器、钠离子电池、铅蓄电池、液态金属、液流电池、热泵储电、压缩二氧化碳、重力储能等。

依据全球专利数据库 incoPat 统计，2022 年中国主要储能技术发明专利申请数如图 7-9 所示。

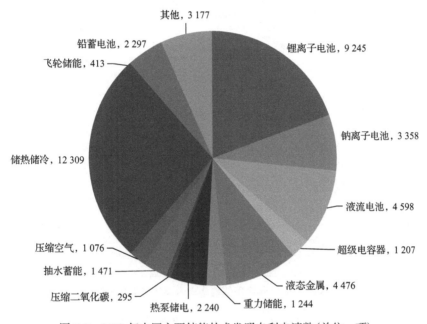

图 7-9　2022 年中国主要储能技术发明专利申请数（单位：项）

2022 年，各种储能技术中，储热储冷技术发明专利申请数最多，高达 12 309 项，此外锂离子电池、液流电池、液态金属、钠离子电池技术的发明专利申请数均超过 3000 项，具有较高的活跃度。就总体趋势而言，化学储能发明专利申请数超过物理储能，如储热储冷、锂离子电池、液流电池、液态金属、钠离子电池等与材料密切相关的储能技术表现出很高的专利申请活跃度。专利申请结果与 2022 年中国发表的关于储能技术的 SCI 论文数的情况基本吻合。

对 2022 年中国各储能技术的基础研究、关键技术以及集成示范的情况开展综合分析，结果如图 7-10 所示，陈海生等（2023）将各种储能技术分为四个梯队。其中，第一梯队为抽水蓄能，单机规模 100 兆瓦以上，占 2022 年全国储能装机的 77.1%左右；第二梯队包括锂离子电池、压缩空气、液流电池、铅蓄电池和储热储冷，单机规模可达 10 兆瓦至 100 兆瓦，其中锂离子电池装机占比最高，未来有可能独立形成单独的一个梯队；第三梯队包含钠离子电池、飞轮储能和超级电容器，当前单机规模可以达到兆瓦级，其中钠离子发展热度最高，未来有可能迈进第二梯队；第四梯队有重力储能、热泵储电、压缩二氧化碳和液态金属等新型储能技术，这些技术尚有待进一步的研发，以便未来实现集成示范和产业化应用。

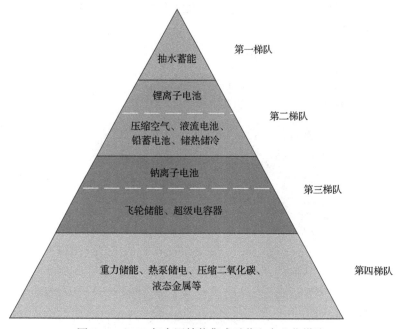

图 7-10　2022 年中国储能集成示范和产业化梯队

随着国家和行业的持续投入，中国储能技术蓬勃发展，总的来说，中国已经成为全球基础研究和技术研发最活跃的国家，随着国家"双碳"目标和能源革命的深入实施，中国储能技术领域有望继续加速发展，基础研究、关键技术和集成示范有望继续保持最活跃国家地位，发表论文、申请专利数、装机规模有望继续保持世界第一。

2. 储能技术类型结构

根据中关村储能产业技术联盟统计，2022 年中国新增投运电力储能项目装机规模达到 1650 万千瓦。其中，抽水蓄能新增 910 万千瓦，同比增长 75%；新型储能新增 734.7 万千瓦，功率规模同比增长 200%，能量规模同比增长 280%。2022 年中国电力储能累计装机技术类型分布如图 7-11 所示。

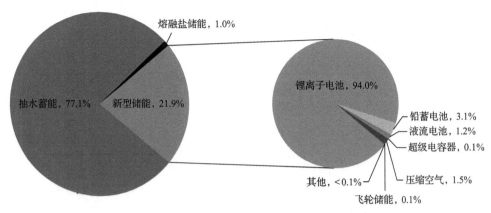

图 7-11　2022 年中国电力储能累计装机技术类型分布

抽水蓄能占据主体地位，占比达 77.1%，其次为新型储能，占比 21.9%。新型储能中，锂离子电池比重上升至 94.0%，占据绝对主导地位，压缩空气、液流电池、飞轮储能等其他储能技术路线的装机规模均有突破，应用模式逐渐增多。

3. 储能应用场景态势

2022 年 1 月 29 日，国家发展和改革委员会、国家能源局印发《"十四五"新型储能发展实施方案》指出，"到 2025 年，新型储能由商业化初期步入规模化发展阶段，具备大规模商业化应用条件""到 2030 年，新型储能全面市场化发展"。该方案围绕强化技术攻关、积极试点示范、推动规模化发展、完善体制机制、做好政策保障、推进国际合作六个方面明确新型储能发展目标、细化重点任务，提升规划落实的可操作性，加快推动新型储能规模化、产业化和市场化发展，标志着新型储能发展目标任务明晰。

从应用角度来看，中国新型储能技术主要应用于电源侧、电网侧和用户侧。具体而言，电源侧应用主要关注提高新能源的消纳能力，平滑新能源发电曲线，减小波动性、随机性和间歇性电源对电网的影响。电网侧的应用主要集中在输电侧和配电侧两方向。输电侧配储有利于提高电网系统的效率，移峰填谷、减少电源侧旋转备用和频率调控；配电侧配储可以用于构建微电网系统，如风光储充系统，从而提高供电的可靠性和电能质量，还能够维持电压和频率在合理范围内，并隔离电网的冲击。用户侧配储包括在峰电时段存储电能，然后在谷电时段释放电能，进而减少电费的削峰填谷，通过在高负荷时段供电，降低负荷峰值，提高电能利用率的平滑负荷曲线以及提供应急保电等功能。

根据储能领跑者联盟数据，2022 年中国已并网的储能项目应用场景格局如图 7-12 所示。

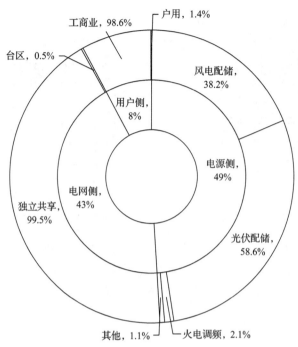

图 7-12 2022 年中国已并网储能项目应用场景格局

电源侧是储能最大的应用领域，占比 49%。其中，可再生能源配储是绝对核心，光伏配储占电源侧的 58.6%，风电配储占电源侧的 38.2%，剩下的火电调频占电源侧的 2.1%，其他占电源侧的 1.1%。电网侧略低于电源侧，占比 43%，主要为独立共享的形式，占比 99.5%，随着各地出台强制储能要求的政策以及电网侧相关商业模式的进一步探索，预计中国电网侧储能的收益率将会有明显的改善。用户侧占比仅为 8%，其中绝大多数为工商业，占比 98.6%，随着各省市峰谷价差的拉大，一些地区可以实现双充双放策略，促进工商业储能经济性的提高，加上限电政策的有力推动，工商业储能有望在未来逐渐成为主要的增长领域。户用储能相比之下占比较低，仅占用户侧的 1.4%，在中国居民供电保障体系的影响下，户用储能在短期内未显示出明显的增长空间。

7.2 碳中和目标下电力系统低碳转型遭遇的挑战

7.2.1 政策激励缺位抑制企业投资热情

储能设备通过特定的装置或物理介质将不同形式的能量进行储存，满足电力系统能量时移、负荷跟踪等功能，提高电能质量。电源侧配置储能用于平滑可再生能源输出、吸收过剩电力、减少"弃风弃光"以及即时接入电力系统；电网侧配置储能通过调峰以及参与电力市场辅助服务保障电网稳定运行；负荷侧配置储能用于工商业削峰填谷、需求侧响应以及能源成本管理。储能设备可以平抑可再生能源大比例接入电力系统的波动性和不确定性，满足电力系统灵活性的需求。但是储能投建和运营成本居高，微观主体投资推动储能产业化的积极主动性需要激励政策保障。

近年来国家和地方出台了多项政策鼓励储能发展，但引导储能参与电力市场的政策仍不完善（李建林等，2020）。Zakeri 等（2021）为鼓励居民结合使用光伏发电与电池储能，将消费者成本优化模型与国家电力系统模型进行软链接，提出应该对光伏自耗上网进行奖励，并实施动态零售定价机制，以提升居民储能的套利价值。李姚旺等（2023）提出了一种传统云储能模式的裂变形式——面向电力系统的多能源云储能模式，为多能源云储能系统的建设提供了政策依据。现有文献对整体规划视角与局部激励视角的综合考虑仍存在不足，需要结合电力市场改革背景对保障储能产业化的政策开展系统性研究。

政府激励成本的高低决定了能否满足企业立即投资要求的难易程度，储能需求的不确定程度同样会影响政府激励成本支出，进而影响企业投资是否能够立即投资。激励微观主体在国家"双碳"和"安全"重大需求下尽早投资储能产业化，亟须评估现有储能产业链相关政策的"有效性"，探究不同政策对储能配置的驱动机制，给出政策协同的激励保障。

7.2.2　不确定性风险威胁系统运行安全

投资增长加快了可再生能源大比例接入电力系统的步伐，但可能会给电网电能质量、安全稳定等方面带来诸多不利影响。电源侧通过出力电子接口并入电网，负荷侧分布式电源及储能装置经电力电子变换器接入配电网系统，电力系统"源网荷"电力电子化程度的不断加深诱发"源-荷"双侧不确定性、时变性、非线性及复杂性快速提升，对电力系统的安全稳定运行产生巨大冲击。电力系统向着"高比例可再生能源"和"高比例电力电子设备"快速发展，将带来系列关键科学问题和现实挑战，亟须开展理论创新研究突破体制机制障碍。

以风电、光伏为代表的可再生能源发电机组具有较强的随机性和间歇性（刘层层等，2017；王田和梁洋洋，2021），当风电、光伏同处出力低谷时会造成大比例可再生能源电力系统面临暂时性电力短缺风险（周智行和石立宝，2021）；风光资源与调峰资源、经济负荷中心的空间不一致，要求电网进行频繁调度（Zhu et al.，2019），导致输电线路面临过载风险（张智刚和康重庆，2022）。风电、光伏等可再生能源无功电压调节能力远低于火电机组，使系统面临电压失稳风险（周一辰等，2022）。风电和光伏出力受环境影响显著，很难根据负荷需求灵活调节出力功率以及持续稳定供电，大比例接入将显著改变以火电为主的电力系统运行规律。风电和光伏发电出力运行特征复杂、抗过载能力低、调频能力和无功支撑能力不足。在电力系统运行频率、电压波动较大时，可再生能源发电机组容易脱网，使系统难以持续安全稳定高效运行。

电力系统电力电子设备之间、电力电子设备与电网之间相互作用时，受电力电子装置拓扑结构及参数的影响，振荡频率会在较大范围内漂移，使宽频振荡表现出显著的时变特性。可再生能源大比例接入电力系统通常配置更多的分布式发电、储能装置，调度系统需要处理的电源规模、元件数量、分布范围等方面的数据以及各种时间尺度的不确定信息将呈指数级增长；可再生能源机组与主要负荷中心在空间上相距较远，当面临负荷需求高峰时，电网侧受输电线路容量限制，难以及时、有效地平衡电力供需(Onizawa et al., 2017)；随着大比例可再生能源替代常规能源，电网侧的电力电子装备也不断增加，由于电力电子装备存在过流耐受能力差的特性，电力系统将面临更多的连锁故障风险(马志远等，2015)；大比例可再生能源接入叠加电网跨区互联，导致电力系统在扰动事件下的局部暂态能量冲击特性更为复杂，更易引发电力系统的全局失稳风险(Mostafa et al., 2020)。

负荷侧的电能替代加剧负荷需求波动(Yao et al., 2019; Ge et al., 2020)，严重威胁电力系统的调峰能力(张智刚和康重庆，2022)；负荷侧新能源汽车渗透率的提升增加系统负荷(Fenner et al., 2020)，引发电力系统电压下降、变压器容量不足等风险(何沁蔓等，2021)；负荷侧用电需求与电源侧可再生能源出力的时空不一致，也会引发电力系统功率失衡风险(杨珺等，2022)。电力需求用户可以参与电力系统调度，缓解用电低谷"弃电""窝电"现象及用电高峰功率缺额现象。车网互动、"源-网-荷-储"一体化等新业态借助价格信号和激励机制引导用户改变用电行为，使电力供需从以火电为主的"源-荷"单向流动转型至以可再生能源为主的"源-荷-源"双向互动，因此电力系统亟须构建新型调度体系以满足电力系统复杂调控不确定性居高的运行需求。

"可再生能源大比例接入电力系统"诱发"源-网-荷"不确定性、时变性、非线性及复杂性快速提升，导致主力电源大比例可再生风、光无功支撑能力不足，电网系统复杂调频不确定性居高，以及振荡频率漂移等风险，严重影响电力系统的安全稳定运行。

7.2.3 技术前景不明影响企业行为决策

随着我国电力市场改革的不断深化，储能获得了广阔的市场机会，也给储能技术发展带来很大的不确定性。电力市场改革不仅为企业积极参与储能产业化投资创造了市场机会，而且随着电力市场呈现出开放化、价格灵敏化、体量扩大化等特征，改革自身面临的技术和市场等方面的不确定性也更加凸显。

　　储能领域存在诸多参与者，不同主体的利益诉求差异使储能技术的合作创新机制更加复杂。林振锋等(2022)针对开放电力市场环境中多主体电能交易机制下系统的经济调度问题，提出了一种基于合作博弈理论的用户侧分布式储能鲁棒博弈优化调度方法。格日勒图等(2020)以发电商、售电公司、用户、储能电站和光伏电站为市场主体，以最大化联盟收益为剩余博弈支付，以联盟内部交换功率和交易电价为协议，基于沙普利(Shapley)值对合作博弈剩余进行分配，最终实现了多主体共同参与的纳什(Nash)均衡。

　　在进行储能商业投资时，成本收益是重要的考量因素，制定储能投资收益优化策略对储能技术发展尤为关键。韩冬等(2020)提出了一种储能参与日前市场和权利市场的投资组合模型，将条件风险价值作为投标策略优化问题的风险度量，引入金融输电权、金融储能权组成金融合约，引入物理输电权、物理储能权组成物理合约，最后得出：储能的预期利润主要来自日前市场，金融合约和物理合约均能有效规避价格风险和平衡收益。刘文霞等(2022)建立了基于分布式电源控制选点与储能配置的协调优化综合经济性模型，为大比例可再生能源接入的配电网经济消纳方案提供参考。葛玉友和尚策(2020)建立了含储能寿命约束的内嵌机组组合协同选址定容规划模型，分析了系统不确定性、储能单位成本等因素对储能规划的影响。

　　我国在飞轮储能、无机相变储能等领域逐步打破国际垄断，但由于技术路径广、发展前景不确定，储能行业仍存在较高技术垄断风险。在垄断不确定下如何利用合作创新化解垄断风险实现技术自立自强，是建立储能技术创新促进机制的关键问题。目前储能相关技术处于研发应用早期，技术演进路径难以确定，储能技术成长呈现出较强的不确定性。储能技术进步的不确定性将直接通过灵敏的电力市场价格直接反映到储能运营商的盈利情况中，进而影响对项目的关停、技术升级等决策行为。因此相比于成熟技术，储能投资决策者面临更严峻的挑战——时间偏好不一致特点更加突出，他们需要同时考虑未来收益和当前收益并制定储能项目最优投资策略。

第8章 我国电力系统低碳转型亟须解决的现实问题

在全球能源结构加速向低碳化转型的背景下，以风电、光伏为代表的可再生能源大比例接入已成为电力系统发展的必然趋势。随着"双碳"目标的深入推进，我国可再生能源装机占比持续攀升，其出力波动性、时空分布不均衡性与电力系统运行稳定性之间的矛盾日益凸显，致使电力系统低碳化转型面临多方面挑战。

为了阐明可再生能源大比例接入电力系统亟须解决的现实问题，本章从以下四个方面展开论述：①在探讨如何系统地度量可再生能源大比例接入给电力系统带来的风险时，需要考虑风险"源-荷-源"双向传导互动机理，刻画电力系统发输配用中各元件和系统间协调频繁调控的不确定性诱发风险；②关于如何评测多能融合应对大比例可再生能源电力系统风险的成本效益，需要考虑源源多能互补替代，源荷响应对电力系统风险的影响机理，充分挖掘促进可再生能源消纳的灵活性资源优化调控机制；③就如何提出储能应对大比例可再生能源电力系统风险的多主体配置方案而言，鉴于储能成本较高且参与电力市场的机制尚不明确，需研究储能的可靠性和容量价值；④针对如何激励微观主体在国家"双碳"目标和"安全"重大需求下尽早开展储能产业化投资这一行为选择，亟须评估现有储能产业链相关政策的有效性，探究不同政策对储能配置的驱动机制，制定政策协同的激励保障措施。

8.1 电力系统低碳转型的风险特征识别和系统评估

可再生能源大比例快速接入电力系统，导致频率越限、稳定破坏等风险。风电、光伏等可再生能源无功电压调节能力远远低于常规火电机组，使系统面临电压失稳风险；可再生能源的大比例接入叠加电网跨区交直流互联以及分布式微电网连接的特征，使系统扰动下局部暂态能量冲击特性更为复杂，易引发全局稳定性风险。在可再生能源大比例接入电力系统条件下识别、评估新型电力系统的风险特征，亟须解决如下几大现实问题：一是可再生能源大比例接入电力系统的风险特征识别，二是可再生能源大比例接入电力系统的不确定性风险建模，三是可再生能源大比例接入电力系统的多风险场景随机模拟评估。具体如图8-1所示。

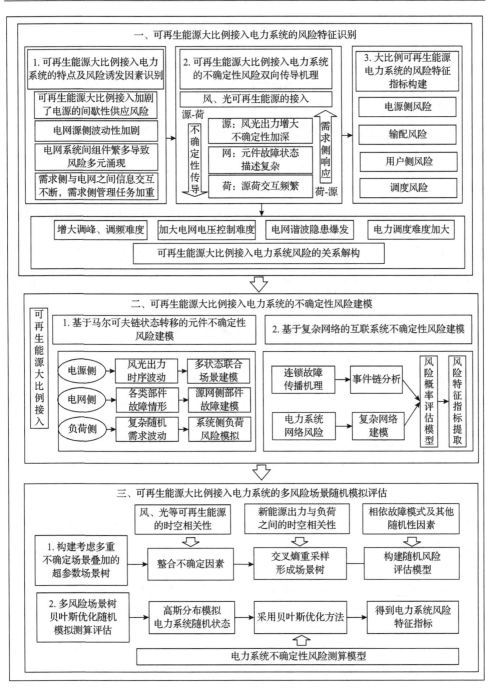

图 8-1　可再生能源大比例接入电力系统现实

在可再生能源大比例接入电力系统以及电网智能水平进步的背景下，需要从电力系统"源-网-荷"三维度出发,澄清不确定性、时变性、非线性及复杂性快速提升诱发运行安全的不确定性风险的双向传导机理,识别大比例可再生能源渗透双向传导对电力系统造成的风险特征:由电源经电网传递到负荷的"源-荷"传播路径,以及通过价格信号和激励机制引导用户改变用电行为的"荷-源"传播路径的风险特征。需要将电力系统"源-网-荷"视作统一整体,分析灵活性对电源、电网调度风险的影响,澄清不确定性因素在电力系统中的作用原理和传导机理,厘清电力系统风光出力波动和设备失效对其他节点影响的风险特征变化规律。

可再生能源大比例接入电力系统的风险特征识别和系统评估的现实问题要求梳理大比例可再生能源接入电力系统的风险诱发因素,澄清风险因素在电力系统中的"荷-源-荷"双向传导机理,凝练提取风险特征;重点围绕通过价格信号和激励机制引导用户改变用电行为以及灵活性负荷作为由荷至源的路径,将负荷侧风险指标拓展到电力系统双向风险特征指标;根据可再生能源大比例接入电力系统的风险特征构建不确定性风险测算模型,基于贝叶斯优化方法给出可再生能源大比例接入电力系统的多风险场景评估结论。

8.1.1　可再生能源大比例接入电力系统的风险特征识别

准确地刻画可再生能源大比例接入电力系统存在风险的威胁,形成扰动冲击的表现形式,是全面系统地阐述风险形成机理和识别风险特征的首要任务。电力系统是涵盖发电、输电、变电、配电、用电、调度等环节的复杂系统,准确识别风险特征面临如下关键问题。

一是可再生能源大比例接入电力系统的特点及风险诱发因素识别。可再生能源大比例接入电力系统,将导致电能供给不确定性大幅提升且叠加混沌涌现等特征:系统元件数目繁多、拓扑结构复杂、电磁与机电暂态交织等。为消纳大比例的风电、光伏等可再生能源,需求侧与电网间信息交互水平不断提升,"源-荷"交互更加频繁。基于可再生能源大比例电力系统呈现的诸多新特点,可以从电力系统"源-网-荷"三维度出发辨析风险诱发因素,阐明可再生能源大比例接入对电力系统造成的风险特征。

二是可再生能源大比例接入电力系统的不确定性风险双向传导机理。现有大多数学者将风险传播路径定义为电源经电网传递到负荷,使用负荷供给水平指标衡量风险影响程度(如电力不足概率和电量不足期望)。随着可再生能源大比例接入电网智能水平的进步,需求与电网、电源的信息交互能力的提升,灵活性负荷对电力不足期望以及电网运行的影响需要得到重视。需要考虑如何借助价格信号和激励机制,引导用户改变用电行为,同时探索将灵活性负荷作为从负荷侧到电源侧的路径。将电力系统"源-网-荷"视作统一整体,分析灵活性对电源、电网调度风险的影响,考虑由荷到源的反向传导作用机理。研究不确定性因素在电力系统中的作用原理和传导机理, 刻画电力系统风光出力波动和设备失效对其他节点影响的风险变化特征, 为系统性风险评估提供理论依据。

三是大比例可再生能源电力系统的风险特征指标构建。传统电力系统风险仅考虑电源侧对负荷侧的影响, 以负荷供给水平度量电力系统的风险特性显得不足。需要依据系统性、科学性和可比性原则, 充分考虑电力系统不同主体的风险特征, 根据风险从源到荷和从荷到源的双向传导机理, 将传统负荷侧风险指标推广到双侧电力系统, 构建风险特征指标体系。可以考虑构建包括电源侧风险、输配风险、用户侧风险及调度风险等在内的一级风险指标, 并可将一级风险指标细分为二级风险指标。以电源侧风险一级指标为例, 可以包括可再生能源发电接入风险、一次能源价格风险、二次能源价格风险、一次能源供给稳定性风险与政策风险等。

8.1.2 可再生能源大比例接入电力系统的不确定性风险建模

风电、光伏等可再生能源具有间歇性供电特征, 在接入电力系统时, 这些电源会带来高度的时空不确定性。结合电力系统固有的各类风险, 如何开展不确定性风险建模以保障新型电力系统安全运行是亟须解答的关键问题。

一是基于马尔可夫链状态转移的元件不确定性风险建模。将电力系统的组成构件(如电力设备中的发电机组、变压器、线路等)称为元件。元件的生命周期可划分为不同的运行状态: 正常运行状态、故障修复状态、计划检修状态、临时检修状态等。处于不同生命周期的元件的运行状态直接影响电力系统的安全性。从元件故障的不确定性出发, 需要综合考虑源、网各部件的潜在故障风险, 挖掘风、光波动下的数据特征, 测算电网侧变压器和架空线路两大元件的故障, 实现源、网元件的不确定性风险建模。还需要综合考虑负荷侧随机性以及社会侧的需求, 建立"源-荷"互动情况下需求侧的负荷概率模型, 测算风电场、光伏电站及煤电设备等运行状态下电力系统负荷端的风险特征。

二是基于复杂网络的互联系统不确定性风险建模。需要从电力系统发生故障事件的关系结构出发, 对"源-网-荷"中的"网"结构进行关系解构描述。考虑到以煤电为主力电源支撑的电力系统模拟运行方法难以对双向传导的风险进行综合评估, 可以考虑从"源-荷"和"荷-源"两维度出发, 围绕主体之间协调配合统筹安排造成电力系统的风险具体特征, 建立电力系统不确定性风险测算模型。

8.1.3 可再生能源大比例接入电力系统的多风险场景随机模拟评估

为了分析可再生能源大比例接入电力系统形成的不同渗透率下, 多能融合和储能布置对系统性风险的影响效能, 针对现有的电力系统风险评估方法无法解决多场景叠加情况求解问题的情况, 需要探索如何在多重不确定场景叠加状况下对电力系统的风险随机模拟进行评估。

　　一是构建考虑多重不确定场景叠加的超参数场景树。需要考虑如何对可再生能源大比例接入电力系统形成的不同渗透率、多能融合和储能布置状态等不确定性因素进行具体特性描述分析和整合。

　　二是多风险场景树贝叶斯优化随机模拟测算评估。针对多重不确定场景叠加情况下电力系统风险的大量模拟评估和超参数场景树，状态抽样算法无法克服采样点随超参数维度增加呈指数级增长的缺陷，这给多因素风险模拟求解带来挑战。

8.2　多能融合优化应对电力系统低碳转型风险的成本效益

　　新型电力系统多能融合优化应对系统风险时需要在保障安全和经济可行中进行权衡，不计成本地追求电力系统的安全和不考虑风险地追求电力系统的经济性都是不合理的。多能融合优化应对电力系统风险面临几大现实问题：一是多能融合应对电力系统风险的内在机理分析；二是多能融合应对电力系统风险的规划运行模型研究；三是不同区域的电力系统多能融合"风险-成本"全场景效益评测。具体如图 8-2 所示。

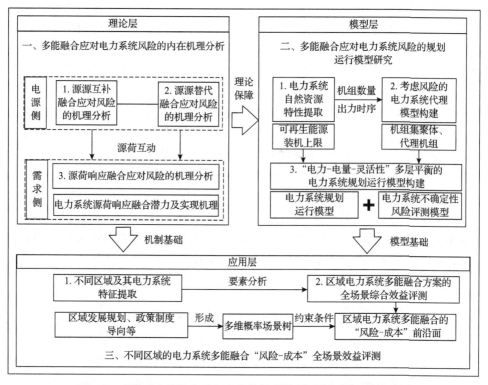

图 8-2　多能融合优化应对电力系统低碳转型风险问题逻辑关系图

可再生能源大比例接入加剧了"源-荷"双侧不确定性、时变性、非线性及复杂性，仅考虑电源侧对负荷侧供给充裕度水平的电力系统风险评估方法不再适用。不仅需要从元件故障的不确定性出发，综合考虑元件的运行状态，实现元件的不确定性风险测算模型；还需要从电力系统发生故障事件的链式关系结构出发，通过组合元件的不同运行状态，推导出系统的运行状态序列，建立大比例可再生能源电力系统的风险特征测算方法，测算故障引起的系统级风险程度以及电力系统适宜调控能力支撑保障。

多能融合优化应对电力系统风险的成本效益分析的现实问题要求考虑以下问题：如何澄清电源侧异质能源互补替代融合、需求侧源荷响应融合应对可再生能源大比例接入电力系统风险的内在机理？如何综合考虑电力系统"电力-电量-灵活性"多层平衡机制，构建电力系统运行规划模型并实现多能融合应对风险的经济效益测算？如何基于不同区域特征及其演化机制形成多维场景树，评测多维场景下不同区域电力系统多能融合的"风险-成本"前沿面？

8.2.1　多能融合应对电力系统风险的内在机理分析

可再生能源大比例接入电力系统的过程中存在系统级风险，多能融合可以通过协调优化多种能源的输入特性，通过资源的有效配置可以防范可再生能源间歇带来的安全隐患。需要对多能融合应对电力系统风险的内在机理展开分析，揭示电源侧不同类型电源的互补、替代融合机理，澄清电源侧与负荷侧的响应机制，为电力系统通过多能融合机制应对风险提供理论保障。

一是源源互补融合应对风险的机理分析。单独风电和光伏均存在发电不稳定的缺陷，但风力和太阳辐射存在白昼太阳辐射强、夜间风力资源充足，夏季昼长夜短但风力较弱、冬春季昼短夜长但风力强的显著互补特性。水电和风电也存在互补特性：冬春季属于枯水期，水资源短缺而风力充足，夏秋季属于丰水期，水资源充足而风力短缺。火电作为电力系统的"压舱石"具有极强的可控性，可以通过启停、爬坡操作调整出力水平弥补其他能源的波动性，通过多能融合机制保证系统电力供应的平稳安全。需要挖掘可再生能源与可再生能源、可再生能源与不可再生能源之间的互补融合潜力，并深入剖析电力系统利用源源互补融合机制提供稳定电能输出的实现机理。

二是源源替代融合应对风险的机理分析。风电、光伏发电和水电等将逐步成为电力系统实现清洁化的主力电源。考虑到可再生能源出力受气候因素和资源特性影响较大，电力系统需要根据安全约束始终保留一部分火电。可再生能源间也存在一定的交互替代关系，我国西北、东北等太阳能资源丰富的地区也具有丰富的风能资源，在可再生能源替代过程中，需要综合考虑风光电源的市场价值、出力特性等因素，为电力系统选择适配的能源替代路径。需要分析可再生能源替代过程对电力供应安全的影响程度和方式，剖析可再生能源替代不可再生能源、可再生能源交互替代的实现机理，在电力安全供应的前提下制定电源替代路径。

三是源荷响应融合应对风险的机理分析。源荷响应的核心是荷随源动，即利用峰谷分时电价和可中断负荷等手段，以市场化机制引导需求侧用户主动调整用电行为，促进削峰填谷，实现电网实时平衡；源荷响应也可以通过为电网调度增加额外的平衡资源，增强电网应急调节能力，提升电网韧性。需要通过数据分析和典型案例调研来深入分析电力用户行为，洞悉电力系统源荷响应融合潜力及实现机理，为源荷响应的宏观政策制定、市场机制设计和商业模式构建提供依据，保障电网安全稳定运行。

8.2.2 多能融合应对电力系统风险的规划运行模型研究

电力系统规划运行模型是模拟源侧投资投建、网侧供需调度、需求侧源荷平衡过程的重要载体，能够基于规划运行模型优化电力系统多能融合发展方案，实现电力系统多能融合应对风险的经济效益最大化。需要进行电力系统自然资源特性提取以提高模型精度，对复杂的电力系统进行替代性建模以降低模型计算复杂度，协同优化测算多能融合应对风险的经济效益，为电力系统的多能融合配置方案评估提供测算模型。

一是电力系统自然资源特性提取。电力系统所处区域的水、风、光等自然资源的时间和空间特征，决定了电力系统的可再生能源供应水平。需要提炼可再生能源出力时序特性，并充分结合电源互补替代融合机理，更准确地为电力系统规划运行模型提供一系列边际约束条件。

二是考虑风险的电力系统代理模型构建。需要基于电力系统供给、传输及消纳环节的主体耦合关系，综合考虑电力系统风险特征指标。

三是"电力-电量-灵活性"多层平衡的电力系统规划运行模型构建。需要综合考虑电力系统"源-网-荷"侧主体特征，基于多能融合的源源互补、源源替代以及源荷响应作用机制，结合输电网络复杂特性，分析电力系统参与多时间尺度和多空间维度的灵活性平衡机理，构建多能融合应对风险的"电力-电量-灵活性"多层平衡电力系统规划运行模型，综合测算电力系统多能融合应对风险的经济效益。

8.2.3 不同区域的电力系统多能融合"风险-成本"全场景效益评测

电力系统的规划运行过程受自然资源及环境约束，所处区域的资源禀赋、经济发展水平及环境承载力决定了电力系统特征。我国西北地区传统化石能源和可再生资源丰富,电力供应长期供大于求,西北电网已成为我国电力外送比例最大、可再生能源装机量最大的区域电网;华南地区经济发达、能源需求较大且光照资源丰富,南方电网积极引入区外电力并全力支撑区域可再生能源发展。需要提炼我国不同区域电力系统的"源-网-荷"侧主体及其所属区域特征,进行不同区域的电力系统多能融合效益评测。

一是不同区域及其电力系统特征提取。由于资源禀赋差异,不同区域的电力系统的规划运行也各有特点。需要全面梳理我国不同区域的资源分布、经济发展等特征,以及其电力系统负荷波动、电源结构、调节能力与电力跨区输送规划等情况,并根据区域发展规划、政策制度导向等数据对区域特征要素展开特征研判。

二是区域电力系统多能融合方案的全场景综合效益评测。基于区域电力系统的不同场景,生成包括电源结构、电网架构、需求侧响应机制等要素在内的电力系统多能融合发展方案,对不同场景下的多能融合方案展开效益评测。

8.3　强化储能投资应对电力系统低碳转型风险的成本效益

储能设备可以通过充放电弥补电力系统中缺失的储、放功能,增加电网柔性,降低可再生能源大比例接入电网带来的系统风险,是电力系统支撑实现"双碳"目标的重要保障。当前强化储能投资面临如下三大现实问题:一是如何基于国内外储能设备发展现状及政策导向,对典型储能设备技术和经济特征及其未来态势进行研判;二是在满足电力系统安全约束的前提下,如何从系统层面分析储能设备接入电力系统的短期和中长期成本效益,测算不同场景下不同电力系统储能设备投资的效益,形成系统层面的储能配置方案;三是在明晰储能作用于电源侧、电网侧和负荷侧主体效益的前提下,如何协调主体间利益、分配各侧储能投资容量、形成主体层面的储能配置方案。具体如图 8-3 所示。

需要阐明电力系统通过源源互补融合、源源替代融合、源荷响应融合路径应对风险的内在机理,结合大比例可再生能源电力系统"双高"结构特征,构建"电力-电量-灵活性"多层平衡和风险约束的电力系统规划运行优化模型,不仅需要模拟测算给出电力系统源侧投资投建、网侧供需调度、负荷侧源荷平衡条件,而且还需测算给出电力系统强化储能投资前后综合效益以及适配的电力系统储能容量。需要综合考虑电力市场、政策制度等因素,形成电力系统电源侧、电网侧、负荷侧主体储能容量投资效益函数,构建合作博弈模型,协调主体效益诉求,优化分配系统储能容量,给出不同主体储能容量配置方案及其效益测算结果。

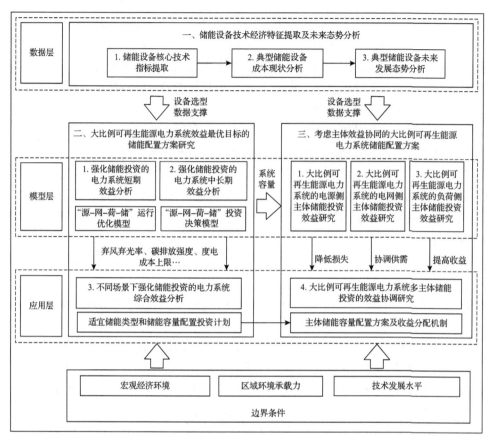

图 8-3　强化储能投资应对电力系统低碳转型风险问题逻辑关系图

　　强化储能投资应对电力系统风险的成本效益分析的现实问题，要考虑以下方面：提取国内外储能设备投建运行典型案例的技术特性和成本指标，结合典型储能技术发展规律、宏观政策支持力度及研发投入强度等，洞悉典型储能技术未来发展态势；构建"源-网-荷-储"运行优化和投资决策模型，测算强化储能投资的短期和中长期成本效益，给出不同场景下电力系统适宜的储能配置容量；构建多主体合作博弈模型测算电源侧、电网侧、负荷侧主体储能投资效益，给出电力系统主体储能适宜的容量配置方案。

8.3.1　储能设备技术经济特征提取及未来态势分析

　　储能是促进可再生能源消纳和提升电网韧性的重要载体，储能设备的发展需要围绕"低成本、长寿命、高安全和易回收"的目标，综合考虑系统制造、系统寿命、系统安全和回收再生等特征，决定储能技术应用和产业发展规模。可以从典型储能设备的技术特性和成本经济两方面展开分析，综合考虑技术发展规律及宏观经济前景对典型储能设备未来态势进行评估。

一是储能设备核心技术指标提取。根据储能设备的能量转换形式可以将其分为物理储能、电化学储能及其他储能设备，不同储能方式的应用场景、配置灵活性、技术成熟度均有所不同。抽水储能、压缩空气储能等物理储能设备储能容量大、技术成熟度高，但对地理环境和资源要求较高，主要应用于调峰调频及系统备电；锂离子电池储能、铅蓄电池储能等电化学储能的设备响应速度快、循环特性好，但存在高成本、高安全性问题，主要应用于电能质量调节；熔融盐储能、超导磁储能等其他储能设备，由于地理因素限制较大或技术门槛较高，仍处于示范阶段。需要结合全球储能市场和国内储能市场发展现状，从性能、环境、安全、灵活性等角度总结提取评判储能设备发展现状的技术性指标，并针对典型储能设备展开分析，为电力系统储能设备选型提供参考依据。

二是典型储能设备成本现状分析。储能设备成本是决定其能否推广应用的重要影响因素，投建成本是储能设备投建阶段用于设备购置、安装调试的一次性费用；运行维护成本是储能设备在寿命期内正常运行阶段投入的运行、损耗、人力、维修等周期性费用。需要针对典型储能设备，综合考虑投建成本和运行维护成本，对储能设备的建设、运行、维护、退役等阶段进行综合建模，形成典型储能设备的平准化度电成本，为储能经济性分析提供数据支撑。

三是典型储能设备未来发展态势分析。大型能量型储能设备可用于能源互联网的调峰填谷；大型功率型储能设备可用于平抑可再生能源的波动性；小型储能电池可用于电动汽车，通过充放电时间规划，辅助电网调峰。考虑到不同储能设备技术和经济指标的差异性，未来发展态势和应用场景的多样化，选择典型储能设备，对不同储能技术开展技术与经济指标双重分析，阐明不同储能设备技术路线的研发难度及发展潜力，并结合国家政策及企业研发投入强度，评估典型储能技术发展和成本演变趋势。

8.3.2　大比例可再生能源电力系统效益最优目标的储能配置方案研究

强化储能投资不仅有利于实现大比例可再生能源电力系统平抑功率波动、提高系统消纳能力，降低可再生能源波动及预测误差带来的系统风险，提供系统安全保障；而且有利于提高可再生能源的容量信用，降低系统电力备用容量需求，调整系统电源结构，产生经济效益和环境效益。从系统层面构建加强储能投资的短期和中长期效益测算模型，并根据未来发展态势设定不同场景，提出不同场景下适宜的储能配置方案。

一是强化储能投资的电力系统短期效益分析。建立"源-网-荷-储"短期效益运行优化模型,测算强化储能投资前后不同电源出力水平和系统运行成本的变动情况,评估可再生能源发电增量产生的环境效益,计算运行成本和系统备用容量下降带来的经济效益。

二是强化储能投资的电力系统中长期效益分析。在满足不同约束条件下,建立"源-网-荷-储"投资决策模型,测算强化储能投资前后,电力系统的发电结构及投资建设成本变动情况,评估强化储能投资对可再生能源系统容量信用提升的效能,测算装机量缩减及碳排放量下降等带来的经济效益和环境效益。

三是不同场景下强化储能投资的电力系统综合效益分析。综合研判宏观经济环境、技术发展水平及区域资源禀赋等因素,根据弃风弃光率、碳排放强度、度电成本上限、可再生能源接入比例等指标,为不同典型电力系统设定发展场景,测算系统风险约束下不同场景的经济效益和电力系统储能投资边际收益,综合集成提出适宜的储能类型和储能容量配置投资计划。

8.3.3　考虑主体效益协同的大比例可再生能源电力系统储能配置方案

在强化储能投资过程中,电力系统的不同参与主体效益诉求侧重点差异比较大,需要主体效益协同才能保障储能投资需求得到满足。需要基于不同主体对加强储能投资的利益诉求,获得主体储能配置协同优化方案及收益分配结果,减少主体独立决策的资源浪费。

一是大比例可再生能源电力系统的电源侧主体储能投资效益研究。电源侧主体储能投资效益主要来自改善可再生能源控制特性。构建最大化可再生能源消纳率的调度优化模型,生成电源侧主体的储能系统最优控制策略,在此策略收益上进一步考虑主体其他收益,如政府补贴、储能回收价值、电源备用收益等,构建电源侧主体储能"容量-投资"效益函数。

二是大比例可再生能源电力系统的电网侧主体储能投资效益研究。电网侧主体主要通过支撑电力系统短时的调频调峰服务获得储能设备投资效益。在满足上下游电力供需平衡的前提下,综合考虑储能套利、辅助服务市场补偿收益等直接效益,以及由储能建设引起的可再生能源弃电量、切负荷损失及系统网损成本下降等间接效益,建立最大化电网侧主体综合效益的电网侧主体储能"容量-投资"效益函数。

三是大比例可再生能源电力系统的负荷侧主体储能投资效益分析。负荷侧主体基于储能设备对电力的时空转移特性,调节生产、生活设备用电计划及储能设备充放电计划获取储能投资效益。全面考虑负荷侧主体对电量的管理收益、变压器动态扩容收益、提高自建可再生能源利用率收益等显性经济效益，结合储能投资带来的产业升级、环境治理方面的隐性社会效益，构建负荷侧主体储能"容量-投资"效益函数。

四是大比例可再生能源电力系统多主体储能投资的效益协调研究。在研究大比例可再生能源电力系统最优储能配置方案的基础上，结合电源侧、电网侧和负荷侧主体储能"容量-投资"效益函数，结合主体贡献程度优化电力系统主体效益分配方案，最终形成最大化电力系统综合收益的主体储能容量配置方案及收益分配机制。

8.4　电力市场改革下微观主体储能创新投资与政策激励研究

电力市场改革不仅为微观主体积极参与储能产业化投资提供了市场机会，而且随着电力市场呈现出开放化、价格灵敏化、体量扩大化等特征，改革自身面临的技术和市场等方面的不确定性也更加凸显。微观主体在市场新特征中如何形成技术合作创新模式和考虑技术进步开展项目投资、政府如何确定最优政策激励水平等，是电力市场改革下实现储能产业化必须澄清的关键问题。电力市场改革下微观主体储能创新投资与政策激励面临着几大现实问题：一是针对储能技术垄断风险，如何分析不同外部融资模式和目标市场异质性；二是考虑储能技术进步情况，如何澄清不同时间偏好类型决策者的行为选择；三是如何解构政府通过政策激励企业投资储能的机理，确定储能投资激励方式和水平，从而为微观主体投资推动储能产业化提供政策保障依据。电力市场改革下微观主体储能创新投资与政策激励逻辑关系图如图 8-4 所示。

面向微观主体参与储能产业化中多方演化博弈、时间偏好不一致等现象，考虑电力市场改革环境因素，构建决策优化模型，分析储能行业微观主体参与创新研发和项目投资的策略特征，测算储能行业微观主体技术经济行为模式选择条件；围绕政府激励储能投资内在机理，澄清政府与微观主体储能投资相依关系，测算即时激励和可延迟激励假设下的激励方式及激励水平选择，给出政策激励储能行业微观主体的边界条件。

面向储能行业"技术创新-项目投资"的产业化关键环节中微观主体面临的电力市场改革新特征与储能行业不确定性叠加风险，需要构建储能技术合作创新突破垄断的演化博弈模型，时间偏好不一致下储能项目投资优化模型等，提出微观主体参与储能产业化的技术合作创新模式、项目投资决策等行为选择；基于储能投资激励模型测算不同激励方式和最佳激励水平，为政府制定储能产业化保障激励政策提供依据。

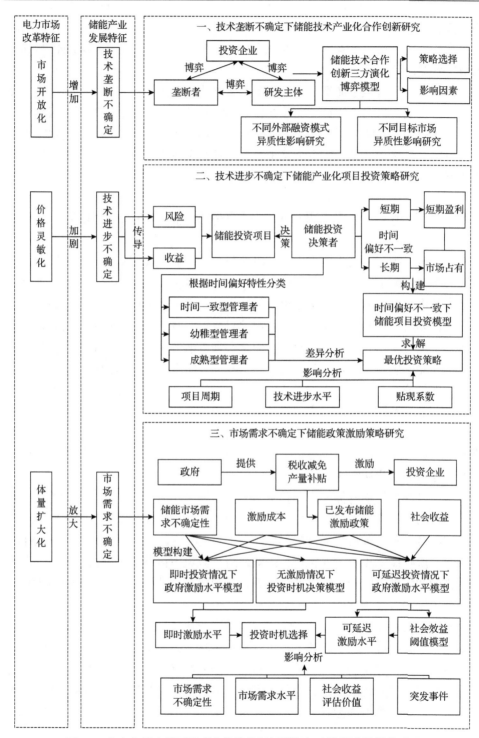

图 8-4 电力市场改革下微观主体储能创新投资与政策激励逻辑关系图

8.4.1　技术垄断不确定下储能技术产业化合作创新研究

我国在飞轮储能、无机相变储能等领域逐步打破国际垄断，但技术路径广、发展前景不确定，储能行业仍存在较高技术垄断风险。在垄断不确定下如何利用合作创新化解垄断风险实现技术自立自强，是建立储能技术创新促进机制的关键问题。

一是垄断条件下储能关键核心技术产业化合作创新研究。根据技术需求企业投资、研发主体努力程度和技术垄断者提价与否等的一系列行为选择，分析各方策略选择的稳定性，研究揭示储能技术垄断条件下三方合作创新行为的演化规律。

二是不同外部融资模式对合作创新演化稳定策略的异质性影响研究。突破储能关键核心技术垄断的创新具有投入高、投资周期长、沉没成本高的特点，企业自有资金往往不足以支撑关键核心技术突破的全过程，需要通过外部融资补充资金缺口，探索债权和股权融资对三方合作创新演化稳定策略的影响，研究不同外部融资模式的异质性。

三是不同目标市场对合作创新演化稳定策略的异质性影响研究。根据储能在容量市场和辅助服务市场中的定位与市场行为差异，评估容量市场和辅助服务市场不同机制对储能产业化竞争策略产生的影响。

8.4.2　技术进步不确定下储能产业化项目投资策略研究

目前储能相关技术处于研发应用早期，技术演进路径难以确定，呈现储能技术成长较强的不确定性。储能技术进步的不确定性将直接通过灵敏的电力市场价格直接反映到储能运营商盈利情况中，进而影响项目的关停、技术升级等决策行为。因此，相比于成熟技术储能投资，决策者面临更严峻的挑战，时间偏好不一致特点更加突出，他们需要同时考虑未来收益和当前收益并制定储能项目最优投资策略。

一是储能项目投资决策时间偏好不一致性机理分析。决策主体通常存在时间偏好不一致行为，在任何时刻决策主体对未来收益和当前收益的相对偏好均会发生改变。储能项目投资者需要考虑储能技术进步下当前技术路径项目收益的变化。

二是时间偏好不一致下储能项目投资建模。引入时间偏好不一致假设，考虑储能技术成长的不确定性，分别考虑不同类型管理者的时间偏好不一致性投资决策行为。

三是决策者时间不一致类型和投资决策关键影响因素分析。分析储能投资决策的不同管理者在技术不断进步下的决策，测算储能技术不同成长情况下的储能投资者的最优投资策略,分析储能投资中项目周期、技术进步水平、贴现系数等关键影响因素的作用效应。

8.4.3　市场需求不确定下储能政策激励策略研究

电力市场改革下市场呈现结构多元化特点,政府激励储能投资机理尚不清楚,在市场需求不确定的情况下,政府如何相机选择激励策略和激励方式以及如何给出合理的激励水平促使企业立即投资或按照政府规划投资等是需要解决的关键问题。

一是政府激励储能投资产业化的机理研究。基于政府和企业的价值评判准则和利益取向,分析政府激励储能投资推动产业化的内在机理:政府出台诸如税收减免、产量补贴等政策激励企业按照政府规划的投资时点进行投资,然而在储能项目的投资时点选择上,企业的投资时点晚于政府期望时点,原因在于储能项目需要产生正外部收益。政府应该认识到开发企业延迟期权价值的存在,从而合理设计激励机制。

二是政府最优激励水平与激励方式选择。政府选择最优激励水平与激励方式,以即时投资为例,假设储能投资产生的政治、经济及环境收益能够触发政府在当前需求水平下做出立即投资的战略规划,为了实现立即投资的战略目标政府需要提供激励措施消除企业由于立即投资而失去延迟期权的价值损失,给出即时激励策略下政府的最优激励水平。将储能投资激励政策划分为不同类型,研究各自实现激励目标下的最优激励水平,并给出政府相对最优激励策略。若为可延迟激励情况,政府在投资规划中需要认识到激励的机会成本并准确评估项目的正外部收益。在设计社会资本参与储能投资的激励契约中,政府不仅需要考虑投资的不确定性和不可逆性特征,而且需要评估储能项目产生的正外部收益,确定激励策略下政府最优激励水平。

三是政策激励微观主体投资储能产业化的制度保障。考察当前市场需求水平、市场需求的不确定性程度、社会收益评估价值和突发事件对政府激励水平和激励策略以及对企业投资时机选择的影响效益,综合储能技术产业化合作创新策略、储能产业化项目投资策略和微观主体投资储能产业化的阈值,探寻激励投资的边界条件。

第9章 新型电力系统支撑我国碳中和的实现策略

2021 年 9 月，国际能源署发布《中国能源体系碳中和路线图》，对中国能源体系实现碳中和的路径进行刻画。电力是能源体系碳中和转型的主力军，电力部门的碳排放预计将在 2025 年前后达到峰值，2055 年之前逐渐减少至零，并在 2060 年达到较小的负值，以帮助抵消其他难以减排领域的剩余排放，尤其是在重工业和长途交通运输领域。每千瓦时发电的二氧化碳排放量是电力部门的碳强度，预计电力部门在 2030～2050 年的二氧化碳排放每年平均减少 2.6 亿吨，率先实现净零排放。电力部门将成为中国经济脱碳的主要推动力，预计将占到 2020～2060 年累计减排量的 55%以上。对于电力部门，预计发电量增加约 130%，随着可再生能源的普及以及传统煤电的淘汰，该部门有望在 2055 年之前实现净零排放。积极推动"双碳"目标的落实，需要从以下几个方面部署电力系统、赋能碳中和实现的策略：发展清洁能源发电技术，实现源头减碳；提高化石燃料利用效率，推动过程减碳；加快 CCUS 研发示范，促进捕碳固碳；引导新型储能技术创新，维护系统安全；推动氢能产业技术发展，助力能源转型。

9.1 发展清洁能源发电技术实现源头去碳

大力发展可再生能源、实施可再生能源替代行动实现源头去碳，是推进"双碳"目标落实和构建清洁低碳能源体系的重大举措，是保障国家能源安全的必然选择，是践行应对气候变化自主贡献承诺的主导力量。2022 年 1 月 29 日，国家发展和改革委员会、国家能源局印发的《"十四五"现代能源体系规划》强调，"坚持生态优先、绿色发展，壮大清洁能源产业，实施可再生能源替代行动，推动构建新型电力系统，促进新能源占比逐渐提高，推动煤炭和新能源优化组合""大力发展非化石能源""加快发展风电、太阳能发电""因地制宜开发水电""积极安全有序发展核电""因地制宜发展其他可再生能源"。2022 年 6 月 1 日，国家发展和改革委员会、国家能源局等九部门联合印发的《"十四五"可再生能源发展规划》提出目标："十四五"期间，可再生能源在一次能源消费增量中占比超过 50%，2025 年，可再生能源年发电量达到 3.3 万亿千瓦时左右。"十四五"期间，可再生能源发电量增量在全社会用电量增量中的占比超过 50%。2025 年，全国可再生能源电力总量消纳责任权重达到 33%左右，可再生能源电力非水电消纳责任权重达到 18%左右。

根据清华大学碳中和研究院等编写的《2023 全球碳中和年度进展报告》，不同类型碳中和技术部署进展的分国家占比图如图 9-1 所示。当前中国的风电、光伏发电、水电等可再生能源技术布局十分广泛，占据较大份额。

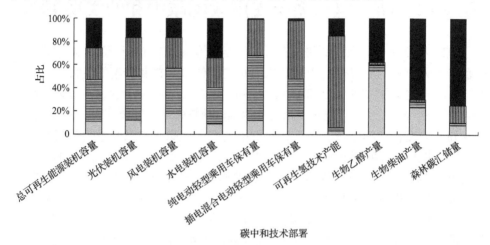

图 9-1　不同类型碳中和技术部署进展的分国家占比图

根据中国科学技术发展战略研究院的研究（王超等，2023），从国家角度对清洁能源技术开展统计，排名前十的国家依次为美国、日本、中国、德国、荷兰、英国、法国、加拿大、瑞典和挪威（表 9-1）。美国在清洁能源技术领域具有明显的技术优势。在 444 项关键技术列表中，美国有 131 项技术处于世界领先地位，与排名第二的日本（65 项）和排名第三的中国（62 项）拉开很大差距。同时，虽然不同国家在清洁能源技术研发上各有侧重，但普遍对能源转型的技术领域投入给予高度关注。

表 9-1　清洁能源技术主要技术国家统计表（单位：项）

序号	国家	建筑	能源转型	交通运输	二氧化碳基础设施	工业	合计
1	美国	37	46	12	8	28	131
2	日本	22	34	6	0	3	65
3	中国	19	18	11	2	12	62
4	德国	7	24	8	1	21	61
5	荷兰	8	18	2	4	13	45
6	英国	7	21	1	2	13	44
7	法国	6	22	3	0	7	38

序号	国家	建筑	能源转型	交通运输	二氧化碳基础设施	工业	合计
8	加拿大	5	12	1	5	10	33
9	瑞典	7	11	6	0	8	32
10	挪威	1	12	2	6	8	29

从能源转型领域发现，排名前五的国家依次为美国、日本、德国、法国和英国，领先技术分别为 46 项、34 项、24 项、22 项和 21 项，研发聚焦于电力、生物燃料和氢能三大方向。这里重点关注电力方向，其排名前五的国家依次为美国、日本、中国、法国和英国，领先技术分别为 25 项、24 项、13 项、11 项和 10 项。

我国在生物燃料、氢能、氨、合成烃燃料、炼化五个领域均存在较大的发展进步空间。将推动全球碳中和进程核心的能源转型领域作为切入口，涉及清洁能源的技术达到 126 项，但在该领域我国同美国、日本、德国、法国和英国等发达国家存在较大差距。根据关键技术统计结果，我国当前仅在电力电子领域具有一定技术优势，拥有领先技术 13 项，主要集中在太阳能光伏、核能等方面，但也只排在该子领域的第三位，仍需进一步加大创新发展力度以缩小差距。

我国在清洁能源发电技术方面部署广泛，可再生能源发电装机量位居世界前列，光伏发电、核能等领域建立了规模领先、技术先进的全产业链，但清洁能源先进关键技术仍与发达国家存在差距，需要电力企业加快对光伏、风电等相对成熟的清洁能源技术的大规模推广。在科技支撑碳达峰的进程中，针对新能源发电领域，亟须开展高效硅基光伏电池、高效稳定钙钛矿电池等技术的研发工作，同时推进百米级以上碳纤维风机叶片、超大型海上风电机组整机设计制造与安装试验技术、抗台风型海上漂浮式风电机组以及漂浮式光伏系统等相关技术的研发。研发低成本太阳能热发电与热电联产技术，突破 800℃高温吸热传热储热关键材料与装备技术瓶颈，研发具有高安全性的多用途小型模块式反应堆、快堆和超高温气冷堆等技术，开展地热发电、海洋能发电与生物质发电技术研发。企业亟须锁定关键清洁能源技术落后领域，整合多方力量开展协同攻关，加快提升自主创新能力，突破颠覆性和革命性的清洁能源技术，帮助我国加快抢占全球碳中和领域科技制高点。

9.2　提高化石燃料利用效率推动过程减碳

根据国家能源局数据，2013～2022 年我国的能源消费结构变化如图 9-2 所示。2013～2022 年，清洁能源消费占能源消费总量的比重由 2013 年的 15.5%提高到

2023 年的 25.9%，上升超 10 个百分点，表明能源消费结构持续向清洁低碳转型。同时，煤炭需求持续高位运行，煤炭消费量占比始终保持在 50% 以上，是能源消费的绝对主体。2022 年煤炭消费量占能源消费总量的 56.2%，比上年提升 0.2 个百分点。天然气、水电、核电、风电、太阳能发电等清洁能源消费量占能源消费总量的 25.9%，较上年提升 0.4 个百分点。

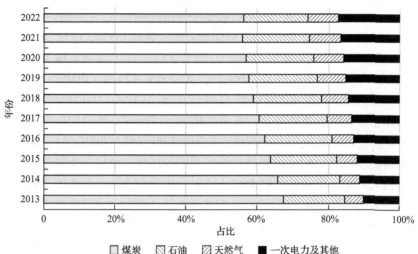

图 9-2　2013～2022 年我国的能源消费结构变化

科学技术部等九部门印发的《科技支撑碳达峰碳中和的实施方案（2022—2030 年）》指出，"聚焦国家能源发展战略任务，立足以煤为主的资源禀赋，抓好煤炭清洁高效利用，增加新能源消纳能力，推动煤炭和新能源优化组合，保障国家能源安全并降低碳排放，是我国低碳科技创新的重中之重"，"针对能源绿色低碳转型迫切需求，加强基础性、原创性、颠覆性技术研究，为煤炭清洁高效利用、新能源并网消纳、可再生能源高效利用，以及煤制清洁燃料和大宗化学品等提供科技支撑"。煤炭清洁高效转化技术进展及其发展趋势如图 9-3 所示。

加快煤炭清洁高效利用，需要加强煤炭先进、高效、低碳、灵活智能利用的基础性、原创性、颠覆性技术研究；实现工业清洁高效用煤和煤炭清洁转化，攻克近零排放的煤制清洁燃料和化学品技术；研发重型燃气轮机和高效燃气发动机等关键装备；研究掺氢天然气、掺烧生物质等高效低碳工业锅炉技术、装备及检测评价技术。

电力企业作为电力系统的重要主体，需要积极践行碳中和使命担当。企业应该推动煤炭清洁高效利用，加大煤电清洁高效发电技术和灵活调峰技术的研究与推广，促使碳排放强度的持续减少，为更多可再生能源发电上网提供支撑。发电

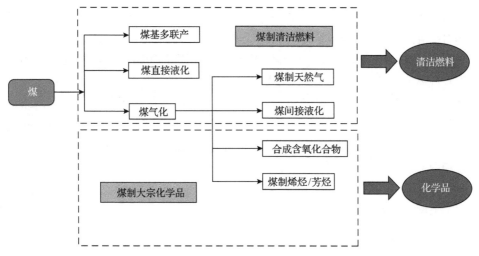

图 9-3　煤炭清洁高效转化技术进展及其发展趋势

企业应以碳强度控制为主、碳排放总量控制为辅，合理限制煤电新增规模，逐步淘汰落后产能，积极推动结构调整和节能降耗，促进发电企业碳排放量尽快达到峰值。在煤电转型发展方面，需要合理控制建设规模和发展节奏，促进煤电从"电量型"电源向"电力型"电源转变，从"基础能源"向保障电力安全的"安全能源"转变，着力推进存量煤电机组向多元燃料、多元供应转型，充分发挥煤电在大规模清洁能源接入过程中的系统调节、电网安全的兜底保供作用。

9.3　加快 CCUS 研发示范促进捕碳固碳

《关于完整准确全面贯彻新发展理念做好碳达峰碳中和工作的意见》中提到推进规模化碳捕集利用与封存技术研发、示范和产业化应用。众多政府部门发布指导文件，鼓励通过研发和示范来开发 CCUS 技术，如《"十四五"能源领域科技创新规划》《科技支撑碳达峰碳中和实施方案（2022—2030 年）》等。CCUS 是我国实现碳达峰碳中和目标的关键核心技术，当前需要聚焦 CCUS 技术的全生命周期能效提升和成本降低，以二氧化碳捕集和利用技术为重点开展 CCUS 与工业过程的全流程深度耦合技术研发及示范；着眼长远，加大 CCUS 与清洁能源融合的工程技术研发，开展矿化封存陆上和海洋地质封存技术研究，力求到 2025 年实现单位二氧化碳捕集能耗相对 2020 年下降 20%，到 2030 年下降 30%，实现捕集成本大幅下降。围绕碳中和目标下对负碳技术的研发需求，亟须提升负碳技术创新能力，加快 CCUS 研发示范，促进捕碳固碳，为实现碳达峰提供有力支撑。

根据国际能源署数据，CCUS 技术的广泛应用主要由电力行业主导。预计到 2060 年，电力部门将捕集约 13 亿吨二氧化碳，占全国各部门二氧化碳捕集总量的一半。预计中国电力部门在减排方面的贡献量将占到 2020 年总减排量的 7%，CCUS 技术对于中国实现碳中和的贡献将在很大程度上取决于以下两个因素：捕集技术在各个部门的快速发展和商业化进程，以及二氧化碳运输和封存网络的扩展程度。根据图 9-4 展示的内容，从 2020 年到 2060 年的二氧化碳累计减排量中，大概有 45%来自尚处于原型或示范阶段的二氧化碳捕集技术。因此需要加快示范和商业规模项目的开发，才有可能实现碳中和。

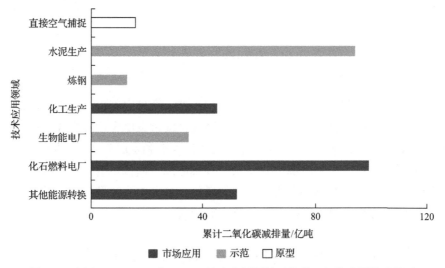

图 9-4　中国 2020～2060 年 CCUS 技术应用领域贡献的二氧化碳累计减排量

根据《中国碳捕集利用与封存年度报告(2023)》，国内外 CCUS 各环节技术发展水平如图 9-5 所示。

中国 CCUS 各环节技术进展飞速，当前具备了二氧化碳大规模捕集、管道输送、利用与封存系统设计能力和近期实现规模化应用的基础。但各环节技术发展水平不均衡，距离规模化商业应用以及国外先进技术发展水平仍存在不同程度的差距。当前 CCUS 与其他减排技术相比不具有明显的竞争优势，预计短期内仍将面临较大的发展阻力。煤电、钢铁、水泥、化工等行业采用 CCUS 的边际减排成本仍高于用陆上风电、光伏、水电等可再生能源利用技术。包括直接空气捕获在内的负排放技术边际减排成本显著高于其他减排技术，需要进一步研发示范和建立有效商业模式以推动成本下降。

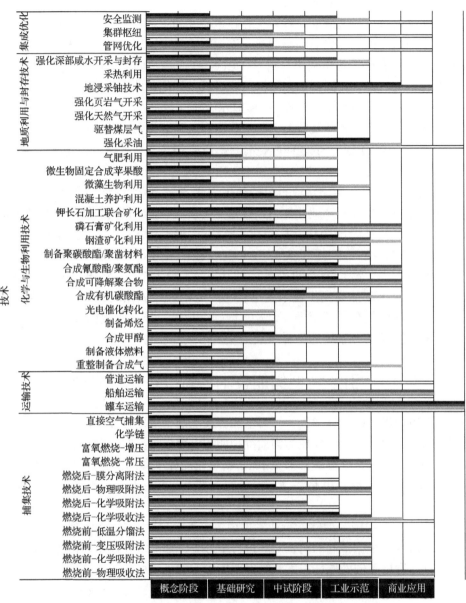

图 9-5　国内外 CCUS 各环节技术发展水平

　　CCUS 是我国实现碳中和目标的关键核心技术，也是碳中和目标下保持电力系统灵活性的重要技术手段，当前亟须突破 CCUS 关键核心技术，建成大规模 CCUS 全流程示范工程，打造 CCUS 技术原创技术策源地，成立 CCUS 技术创新联合体，以推动技术的突破创新和成本下降。

华能集团作为我国最早开展 CCUS 技术研发和工程示范的企业，建立了具有完全自主知识产权的燃烧前和燃烧后二氧化碳捕集理论以及成套技术体系，主导发起成立了二氧化碳捕集利用与封存(CCUS)产业技术创新战略联盟并担任第一届理事长单位，代表我国参加国际标准化组织二氧化碳捕集、运输与地质封存技术委员会(TC265)，并参与发布了两项国际标准。"十四五"时期，华能集团计划针对碳捕集、利用、封存及监测等各个环节开展关键技术攻关，形成完整的技术链，推进新一代低成本、低能耗燃烧前和燃烧后 CCUS 技术研发，发展负碳排放技术，引导技术成本下降，并加强 CCUS 产业推广的顶层设计，开展大规模、全流程集成示范工程，推动建成百万吨级 CCUS 全流程示范项目。围绕 CCUS 产业构建千万吨级 CCUS 产业化能力，优选建立 2～3 个具有代表性的产业链示范集聚地，实现装备全国产化，核心技术整体达到国际先进水平，捕集技术迈入国际前列。华能集团计划重点对以下 CCUS 技术展开布局：①大力加强二氧化碳捕集技术攻关，减少能耗和成本，大力开展工程示范，为大规模燃煤机组、燃气机组二氧化碳捕集提供技术支撑；②大力培育二氧化碳驱油、化工利用、农业利用、地质封存等"用碳"以及"固碳"技术，推动大规模 CCUS 全流程示范，推动实现电力系统的净零排放乃至负排放等。

9.4　引导新型储能技术创新维护系统安全

面对电力需求的持续增长、可再生能源发电的不确定性、电网弹性调节能力的建设滞后，储能技术已经成为当前维护能源电力供需实时平衡、提高电力系统稳定性和灵活性的关键解决方案。储能是新一轮能源革命的关键技术，是落实"双碳"目标的重要支撑，也是涌现国内能源新业态、抢占国际战略新高地的重要领域。

根据《2023 中国新型储能行业发展白皮书》，目前中国已经实现多种储能技术的成熟应用，根据不同的时长对其进行了分类，如图 9-6 所示。因为存在时长上的区别，所以不同的储能技术在电网调度中有着不同的应用，各种储能技术都有其应用场景和优缺点，需要在具体的电力市场需求下进行选择和优化。因此各种不同的储能技术需要全方位发展，实现多点位共同创新进步，才能保障电力系统在不同时间尺度上安全灵活运行。

国际能源署预计，中国电力部门的成功转型需要在 2030 年部署共约 177 吉瓦的新型储能系统，这意味着在理想情况下，中国新型储能市场的复合年均增长率要保持 36.8%左右的高增速才能满足条件，揭示中国新型储能技术仍需要朝着多元化的路线不断创新发展，才能满足新型电力系统在不同应用场景下的发展需求。

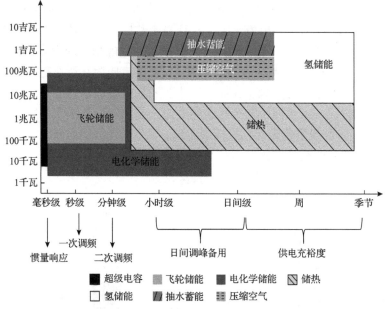

图 9-6　新型电力市场下不同储能技术应用

资料来源：《2023 中国新型储能行业发展白皮书》

陈海生等（2023）将 2022 年中国的储能技术和世界先进技术的成熟度进行了比较，如图 9-7 所示，发现中国储能技术总体上已经实现从跟跑到并跑的转变。中国的压缩空气、储热储冷、锂离子电池、铅蓄电池、液流电池以及钠离子电池的技术水平已经达到或者接近世界先进技术水平；但抽水蓄能、飞轮储能、超级电容器及储能新技术还与世界先进技术存在一定的差距。

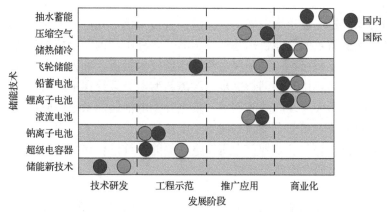

图 9-7　2022 年中国储能技术和世界先进技术的成熟度比较

《2023 中国新型储能行业发展白皮书》对 2020～2022 年新型储能并购交易

投资人类型展开了分析（图 9-8），发现私募股权投资（private equity，PE）/风险投资（venture capital，VC）基金 2020～2022 年交易笔数以及占比持续上升，成为储能产业并购交易的主体。私企/外企的投资人多来自与储能相关的产业，大多站在总体战略规划角度选择进入储能/新能源领域，其投资方向为在产业链上游及下游布局，以业务合作为主。当前国企在储能产业的股权投资以较为成熟的储能电池企业为主。例如，以"五大四小"为代表的电力企业的储能技术布局主要通过"新能源+储能"项目的投资建设和招投标来实现。因此尽管国企在储能行业的参与度不低，但表现在并购交易笔数上不及 PE/VC 基金。

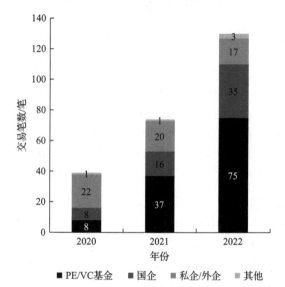

图 9-8　2020～2022 年新型储能并购交易投资人类型分析

　　中国的储能技术近年来发展迅速，但一些技术仍与先进水平存在差距，离实现新型电力系统需求的储能目标还远远不够。各种不同的储能技术需要全方位发展，亟须电力企业积极参与，开展多赛道储能技术投资，加大对尚不成熟技术的研发力度，实现多点位共同创新进步，保障新型电力系统在不同情景下的安全灵活运行。华能集团大力发展储能技术，重点开发电池储能系统集成技术万次级长寿命磷酸铁锂电池、高安全性固态锂离子电池技术，以及大规模压缩空气储能系统优化和关键技术等，已规划重力压缩空气储能系统优化和关键技术研究、电池储能系统关键技术研究等两个项目。

9.5　推动氢能产业技术发展助力能源转型

　　资源的开发利用形式正从矿藏资源消耗型向天然资源再生型转变，由旧能源向新能源的转型将是能源系统发展的主旋律。在碳中和目标下，氢能是 21 世纪极具发展前景的二次能源。零碳愿景已经成为世界范围内氢能发展的首要驱动力，大力发展氢能乃至绿色氢能，是实现碳中和目标的重要抓手。氢能的发展空间较大程度上来源于对电力系统的配套和补充，可再生能源在电力系统中的渗透率不断增加，需要在不同时间尺度下实现对大量电力的储存以维护电力系统的安全稳定运行，氢能则是能够满足这一要求的少数技术选项之一。氢能能够帮助实现大规模、高效可再生能源消纳，有助于促进氢、电、热多种能源融合互补，支撑能源跨地域和跨季节优化配置，能够充当能源缓冲载体提高能源系统的韧性。

2022 年 3 月，国家能源局发布《氢能产业发展中长期规划（2021—2035 年）》，部署了一系列推动氢能产业发展的重要措施，提出：到 2025 年，实现可再生能源制氢量达到 10 万～20 万吨/年；到 2030 年，形成较为完备的氢能产业技术创新体系、清洁能源制氢及供应体系；到 2035 年，构建涵盖交通、储能、工业等领域的多元氢能应用生态。我国是全球产量最大的制氢国，但氢气主要来源为化石能源（图 9-9），其在制备过程中会产生一定量的污染和碳排放。绿色清洁的可再生能源制氢是核心发展方向，实现大规模的可再生绿氢制备是氢气制备的终极目标。化石能源制氢工艺和技术在我国已经实现完全自主化，工业副产氢利用所需的变压吸附（pressure swing adsorption，PSA）装置也基本达到国际先进水平，但是电解水制氢装置目前在效率、稳定性和制造工艺方面与国外仍存在一定差距，高效、长寿命、低成本将是电解水制氢技术未来发展主要目标。氢能与风电光伏结合正在成为新趋势，电解水制氢装备产业化给氢能领域带来活力，中国碱性电解水设备的性价比全球领先，但性能优化的潜力和生产方式的革新还有很大空间。

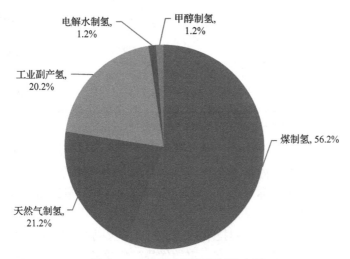

图 9-9　2022 年中国氢气制备来源

储运是当前氢能全技术链的薄弱环节，虽然有各种技术创新，但尚未出现真正能够落地的颠覆性技术。我国的储运装备技术水平与国外差距较大，供应链成本高，效率短板明显，并且由于储运环节成本过高，氢能很难在和传统能源的竞争中取得优势。目前主要的商品氢大多采用压缩氢气的方式进行储存和运输，液氢储运在大规模长距离储运中具有明显的成本优势，但技术尚未成熟。在 2023 年中国(西部)氢能大会上，欧阳明高院士做了不同储氢方式对比，如表 9-2 所示。

表 9-2 不同储氢方式对比情况

储氢方式	储氢能耗 /(千瓦时/千克 H_2)	成本 /(元/千克 H_2)	应用情况
高压气态 35 兆帕	2.5 (压缩能耗)	1.29 (平准化储氢成本)	应用广泛，技术成熟
高压气态 70 兆帕	5 (压缩能耗)	1.29 (平准化储氢成本)	应用广泛，技术成熟
液氢	10~15 (液化能耗)	31.08 (平准化储氢成本)	国内仅用于航天等领域
液氨	11~17 (未包含液化)	19.24 (平准化储氢成本)	应用广泛，技术成熟
甲醇	1.3~1.8 (合成能耗)	23~25 (甲醇制氢)	应用广泛，技术成熟
甲酸	6.7 (合成能耗)	34 (甲酸制氢)	研究阶段
二苄基甲苯	12.57	30.60 (LOHCs)	应用示范
钛铁系 合金储氢	—	180 (材料成本)	项目示范
镁基 合金储氢	14 (吸收氢能耗)	200~300 (材料成本)	实验阶段
稀土系 合金储氢	—	240 (材料成本)	项目示范

注：LOHCs 表示 liquid organic hydrogen carriers(液态有机氢载体)

储氢关键装备技术有待突破，液态储氢主要用于航天领域，尚未真正应用到民用领域，固态储氢在国内基本处于研发阶段，以 20 兆帕的车辆运输为主，效率低且成本高，产业规模化水平偏低。更高压力及大规模管道运输在技术、标准等方面仍存在较大障碍。

在氢能运输上，给出的不同技术路径千公里输氢成本分析如图 9-10 所示。发现长输管道和特高压在成本上具有一定的优势，且绿氢输送通道和我国特高压输送通道重合，因此特高压输电线路是我国绿氢输送的优势通道。但不同氢能运输方式有着不同的适用性场景，如高压气态运输的运输距离通常不超过 300～400 公里，运输氢气量低，一般在 0.56～0.75 吨/天。

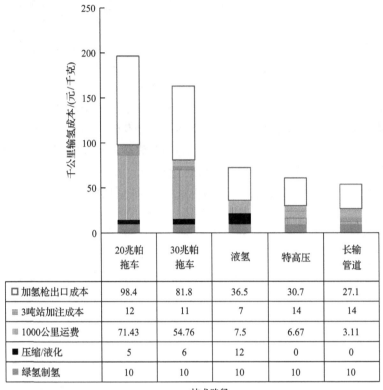

	20兆帕 拖车	30兆帕 拖车	液氢	特高压	长输 管道
□ 加氢枪出口成本	98.4	81.8	36.5	30.7	27.1
☰ 3吨站加注成本	12	11	7	14	14
▦ 1000公里运费	71.43	54.76	7.5	6.67	3.11
■ 压缩/液化	5	6	12	0	0
▨ 绿氢制氢	10	10	10	10	10

技术路径

■ 绿氢制氢　■ 压缩/液化　▦ 1000公里运费　☰ 3吨站加注成本　□ 加氢枪出口成本

图 9-10　不同技术路径千公里输氢成本

氢能关键技术和零部件自主化也面临诸多挑战。质子交换膜、膜电极、贵金属（铂、铱）催化剂等原材料自主化产品产能规模不足，产品性能亟待提升，加氢枪套管材料、氢密封材料、低温金属材料、高效冷绝缘材料、高强度碳纤维、碳纸等多种材料工艺应用依赖进口，国内整体处于技术引进和研发阶段，掺氢/燃氢轮机、氢透平膨胀机、大容量液氨球罐等关键装备在设计制造工艺、性能指标等方面与国外差距较大。

未来 20 年将是我国氢能源产业发展的重要机遇期，需紧密有机联系我国能源发展情况，从战略、政策、技术、资金、合作等方面开展积极谋划，助力实现氢能源高质量发展。需要依托行业骨干企业、科研机构与高校，联合组建研发平台，提升我国从关键原材料到电堆系统方面的可靠性、耐久性，并降低成本。国内交流层面需要加强产业主体间的创新协同合作，加强氢能原材料和基础制造工艺技术攻关，努力促进处于中试阶段的技术方向向产业化方向快速演进，进一步缩小与发达国家的差距。在国外交流层面应与重要国家和地区之间开展交流合作，联合国际龙头企业推动国内和海外布局，共同打造国际清洁氢供应链。

华能集团积极践行使命担当，大力开展以可再生能源高效电解水制氢技术为核心的氢能相关技术布局。突破高电流密度高活性电解制氢催化剂、高亲水性耐高压非石棉复合隔膜及低能耗大规模电解槽结构设计等高效电解制氢技术，在相同主材用量和设备尺寸的条件下，显著提高电解槽制氢生产能力，降低电解槽固定投资和电解水电耗，达到国际先进水平，形成高效、安全、适用于大规模应用需求的制氢系统成套技术；建成了高度集成、自动化制氢站在线安全监控和响应系统，实现"制—储—充"全流程安全、智慧化管理。华能集团计划将西南地区和大型河流流域水电和当地光伏发电系统进行耦合，嵌入储能和电解制氢系统，构成水、光、氢综合能源系统，利用供电系统多余电量进行电解水制氢。

参 考 文 献

陈海生, 李泓, 徐玉杰, 等. 2023. 2022 年中国储能技术研究进展[J]. 储能科学与技术, 12(5): 1516-1552.

陈建兵, 高镜雅. 2021. 中国特色社会主义制度自我完善价值动力探析[J]. 西安交通大学学报 (社会科学版), 41(4): 68-75.

董丝雨, 王云杉. 2024-04-30. 积极稳妥推进碳达峰碳中和[N]. 人民日报, (10).

封志明, 杨艳昭, 闫慧敏, 等. 2017. 百年来的资源环境承载力研究: 从理论到实践[J]. 资源科学, 39(3): 379-395.

格日勒图, 张立辉, 柴剑雪. 2020. 电力市场环境下储能电站和光伏电站合作博弈模型[J]. 可再生能源, 38(4): 545-553.

葛玉友, 尚策. 2020. 寿命约束的储能规划[J]. 中国电机工程学报, 40(19): 6150-6161.

郭朝先. 2021. 2060 年碳中和引致中国经济系统根本性变革[J]. 北京工业大学学报(社会科学版), 21(5): 64-77.

郭菊娥, 陈辰, 邢光远. 2021. 可持续投资支持"新基建"重塑中国价值链[J]. 西安交通大学学报(社会科学版), 41(2): 11-18.

韩冬, 何宇婷, 孙伟卿. 2020. 考虑金融/物理合约的储能装置投资组合策略研究[J]. 电网技术, 44(10): 3908-3915.

郝江震, 牛镛. 2021-07-30. 中共中央政治局召开会议 分析研究当前经济形势和经济工作 中共中央总书记习近平主持会议[N]. 人民网, (1).

何沁蔓, 刘晓峰, 王琦, 等. 2021. 计及用电满意度优先级划分的负荷聚合商调度策略研究[J]. 电网技术, 45(7): 2666-2675.

黄建洪. 2021. 绿色发展理念: 绿色经济社会治理的新范式[J]. 北京师范大学学报(社会科学版), (4): 48-57.

黄震, 谢晓敏. 2021. 碳中和愿景下的能源变革[J]. 中国科学院院刊, 36(9): 1010-1018.

隽鸿飞. 2004. 马克思的两种生产理论及其当代意义[J]. 哲学研究, (8): 11-15.

李建林, 李雅欣, 周喜超, 等. 2020. 储能商业化应用政策解析[J]. 电力系统保护与控制, 48(19): 168-178.

李姚旺, 张宁, 张世旭, 等. 2023. 面向电力系统的多能源云储能模式: 基本概念与研究展望[J]. 中国电机工程学报, 43(6): 2179-2190.

梁会君. 2022. 服务贸易开放、研发投入结构错配与工业绿色全要素生产率[J]. 科研管理, 43(8): 48-54.

林振锋, 郑常宝, 芮涛, 等. 2022. 用户侧分布式储能鲁棒博弈优化调度方法[J]. 中国电力, 55(2): 35-43, 114.

刘层层, 李南, 楚永杰. 2017. 可再生能源价格政策在寡头竞争市场中的比较[J]. 运筹与管理, 26(7): 64-73.

刘文霞, 李涵深, 周予昊, 等. 2022. 基于区间鲁棒控制的配电信息物理双层设备协调配置方法[J]. 中国电机工程学报, 42(2): 631-640.

马克思, 恩格斯. 1956. 马克思恩格斯全集: 第 1 卷[M]. 中共中央马克思恩格斯列宁斯大林著作编译局译. 北京: 人民出版社, 603.

马克思, 恩格斯. 1979. 马克思恩格斯全集: 第 42 卷[M]. 中共中央马克思恩格斯列宁斯大林著作编译局译. 北京: 人民出版社, 96-97.

马克思, 恩格斯. 2009. 马克思恩格斯全集: 第 4 卷[M]. 中共中央马克思恩格斯列宁斯大林著作编译局译. 北京: 人民出版社, 15.

马晓君, 陈瑞敏, 董碧滢, 等. 2019. 中国工业碳排放的因素分解与脱钩效应[J]. 中国环境科学, 39(8): 3549-3557.

马志远, 石立宝, 姚良忠, 等. 2015. 电网连锁故障的事故链搜索模型及策略研究[J]. 中国电机工程学报, 35(13): 3292-3302.

王超, 孙福全, 许晔. 2023. 碳中和背景下全球关键清洁能源技术发展现状[J]. 科学学研究, 41(9): 1604-1614.

王田, 梁洋洋. 2021. 基于智能电网技术的能源网络供应链买电策略研究[J]. 中国管理科学, 29(7): 110-117.

肖建华, 司建华, 刘淳, 等. 2021. 沙漠能源生态圈概念、内涵及发展模式[J]. 中国沙漠, 41(5): 11-20.

杨珺, 李凤婷, 张高航. 2022. 考虑灵活性需求的新能源高渗透系统规划方法[J]. 电网技术, 46(6): 2171-2182.

杨立勋, 向燕妮. 2020. 中国钢铁行业集中度与产能利用率关系研究[J]. 统计与决策, 36(20): 110-114.

杨冕, 侯雅如, 段宏波. 2022. 节能目标约束对中国工业部门绿色生产率的影响研究[J]. 计量经济学报, 2(1): 179-193.

叶文虎. 2008. 论环境文明社会的建设[J]. 中国发展, (1): 1-9.

叶文虎, 陈国谦. 1997. 三种生产论: 可持续发展的基本理论[J]. 中国人口·资源与环境, (2): 14-18.

俞吾金. 2003. 作为全面生产理论的马克思哲学[J]. 哲学研究, (8): 16-22.

袁伟彦, 方柳莉, 罗明. 2022. 中国工业碳排放驱动因素及其脱钩效应: 基于时变参数 C-D 生产函数的分解和测算[J]. 资源科学, 44(7): 1422-1434.

张盾. 2018. 马克思与生态文明的政治哲学基础[J]. 中国社会科学, (12): 4-25, 199.

张九天, 张璐. 2021. 面向碳中和目标的碳捕集、利用与封存发展初步探讨[J]. 热力发电, 50(1): 1-6.

张贤, 郭偲悦, 孔慧, 等. 2021. 碳中和愿景的科技需求与技术路径[J]. 中国环境管理, 13(1): 65-70.

张悦, 王晶晶, 程钰. 2022. 中国工业碳排放绩效时空特征及技术创新影响机制[J]. 资源科学, 44(7): 1435-1448.

张智刚, 康重庆. 2022. 碳中和目标下构建新型电力系统的挑战与展望[J]. 中国电机工程学报, 42(8): 2806-2819.

赵建军, 杨博. 2015. "绿水青山就是金山银山"的哲学意蕴与时代价值[J]. 自然辩证法研究, 31(12): 104-109.

周一辰, 孙佳辉, 王书祥, 等. 2022. 基于高维模型表达方法的新能源电力系统小干扰失稳风险评估[J]. 电力系统自动化, 46(14): 73-82.

周智行, 石立宝. 2021. 考虑风电不确定性及系统调频作用的电网连锁故障风险评估[J]. 中国电机工程学报, 41(10): 3305-3316, 3657.

邹才能, 何东博, 贾成业, 等. 2021. 世界能源转型内涵、路径及其对碳中和的意义[J]. 石油学报, 42: 233-247.

Ambec S, Cohen M A, Elgie S, et al. 2013. The porter hypothesis at 20: can environmental regulation enhance innovation and competitiveness?[J]. Review of Environmental Economics and Policy, 7(1): 2-22.

Fenner P, Rauma K, Rautiainen A, et al. 2020. Quantification of peak shaving capacity in electric vehicle charging: findings from case studies in Helsinki Region[J]. IET Smart Grid, 3(6): 777-785.

Ge X L, Jin Y, Fu Y, et al. 2020. Multiple-cut benders decomposition for wind-hydro-thermal optimal scheduling with quantifying various types of reserves[J]. IEEE Transactions on Sustainable Energy, 11(3): 1358-1369.

Grossman G M, Krueger A B. 1991. Environmental impacts of a North American free trade agreement[R]. Cambridge: National Bureau of Economic Research.

Jaffe A B, Newell R G, Stavins R N. 2002. Environmental policy and technological change[J]. Environmental and Resource Economics, 22(1): 41-70.

Jaffe A B, Peterson S R, Portney P R, et al. 1995. Environmental regulation and the competitiveness of U.S. manufacturing: what does the evidence tell us?[J]. Journal of Economic Literature, 33(1): 132-163.

Johnstone N, Haščič I, Popp D. 2010. Renewable energy policies and technological innovation: evidence based on patent counts[J]. Environmental and Resource Economics, 45: 133-155.

Jordan A, Lenschow A. 2010. Environmental policy integration: a state of the art review[J]. Environmental Policy and Governance, 20(3): 147-158.

Kuznets S. 1955. Economic growth and income inequality[J]. American Economic Review, 45(1): 1-28.

Lanoie P, Laurent-Lucchetti J, Johnstone N, et al. 2011. Environmental policy, innovation and performance: new insights on the Porter hypothesis[J]. Journal of Economics & Management Strategy, 20(3): 803-842.

Mostafa V D, Homa R K, Amjad A M, et al. 2020. Guerrero. Stochastic risk-constrained scheduling of renewable-powered autonomous microgrids with demand response actions: reliability and economic implications[J]. IEEE Transactions on Industry Applications, 56(2): 1882-1895.

Onizawa N, Mochizuki A, Tamakoshi A, et al. 2017. Sudden power-outage resilient in-processor checkpointing for energy-harvesting nonvolatile processors[J]. IEEE Transactions on Emerging Topics in Computing, 5(2): 151-163.

Palmer K, Oates W E, Portney P R. 1995. Tightening environmental standards: the benefit-cost or the no-cost paradigm?[J]. Journal of Economic Perspectives, 9(4): 119-132.

Porter M E. 1991. America's green strategy[J]. Scientific American, 264: 168.

Porter M E, van der Linde C. 1995. Toward a new conception of the environment-competitiveness relationship[J]. Journal of Economic Perspectives, 9(4): 97-118.

Su C W, Naqvi B, Shao X F, et al. 2020. Trade and technological innovation: the catalysts for climate change and way forward for COP21[J]. Journal of Environmental Management, 269: 110774.

Tian X, Bai F L, Jia J H, et al. 2019. Realizing low-carbon development in a developing and industrializing region: impacts of industrial structure change on CO_2 emissions in southwest China[J]. Journal of Environmental Management, 233: 728-738.

Vahedipour-Dahraie M, Rashidizadeh-Kermani H, Anvari-Moghaddam A, et al. 2020. Stochastic risk-constrained scheduling of renewable-powered autonomous microgrids with demand response actions: reliability and economic implications[J]. IEEE Transactions on Industry Applications, 56(2): 1882-1895.

Wang F, Sun X Y, Reiner D M, et al. 2020. Changing trends of the elasticity of China's carbon emission intensity to industry structure and energy efficiency[J]. Energy Economics, 86: 104679.

Wang J, Rodrigues J F D, Hu M M, et al. 2019. The evolution of Chinese industrial CO_2 emissions 2000–2050: a review and meta-analysis of historical drivers, projections and policy goals[J]. Renewable and Sustainable Energy Reviews, 116: 109433.

Xie P J, Yang F, Mu Z W, et al. 2020. Influencing factors of the decoupling relationship between CO_2 emission and economic development in China's power industry[J]. Energy, 209: 118341.

Yang Z B, Shao S, Li C Y, et al. 2020. Alleviating the misallocation of R&D inputs in China's manufacturing sector: from the perspectives of factor-biased technological innovation and substitution elasticity[J]. Technological Forecasting and Social Change, 151: 119878.

Yao M Q, Molzahn D K, Mathieu J L. 2019. An optimal power-flow approach to improve power system voltage stability using demand response[J]. IEEE Transactions on Control of Network

Systems, 6(3): 1015-1025.

Zakeri B, Cross S, Dodds P E, et al. 2021. Policy options for enhancing economic profitability of residential solar photovoltaic with battery energy storage[J]. Applied Energy, 290: 116697.

Zhu M Y, Qi Y, Belis D, et al. 2019. The China wind paradox: the role of state-owned enterprises in wind power investment versus wind curtailment[J]. Energy Policy, 127: 200-212.